るるぶKids

こどもの運動能力がぐんぐん伸びる公園

東京版

都内厳選
101公園を
紹介!!

るるぶKids

“子どもとママパパのおでかけや旅行を通して、生活をもっと豊かに楽しく”することをコンセプトとした、子育て中のママパパのためのWebメディア。家族のおでかけに、楽しくて役立つ情報を配信しています。

- ●季節のテーマや旬のスポット情報を毎日配信!
- ●編集部メンバーは子育て中のママパパばかり!
- ●るるぶID の登録で、もっとおトク&便利に♪

はじめに

「うちの子、運動が苦手かも。もっと体を使ってあそばせたいけど、親も苦手だし仕方ない？」
「運動が好きなわが子。可能性を広げてあげたいけど、運動教室に通わせるほかに方法は？」
「体を動かすのは好きだけど、得意ではない。小学校に入って体育がイヤと言い始めた……」
そんな悩みをおもちのお父さん、お母さん、保護者のみなさんへ。
運動能力は、遺伝よりも幼少年期のあそびで育ちます。とくに公園あそびが最適！
こどもの頃から公園で楽しくあそべば、運動を得意にすることができるのです。
それも、特別な公園ではなく、近所にある、あの公園や、この公園で。

本書では、スポーツトレーナーでパークマイスターの遠山健太先生の知見のもと、
幼少年期に経験したい基本の動き（基本動作）から、
とくに運動能力につながる12の基本動作を選定しました。

これらの基本動作をするのに、特別なスポーツ施設へ行く必要はありません。
どれも「公園で経験できる」動作です。
そして、この12の基本動作を基準に「こどもの運動能力を伸ばす」遊具を多く備える、
東京都内の１００の公園を、厳選しました。
また遠山先生が、こどもの運動能力をぐんぐん伸ばす、
公園での遊び方を教えてくれるので、ぜひご家庭でも真似をしてみてください。
こどもの目がいきいきと輝いてきます。

公園で自由にのびのびとあそぶことで、幼少年期に経験したい基本動作を身につければ、
子どもの運動能力はおのずと向上します。
自由にのびのびと体を動かし、運動が好きな子になってほしい。
思い通りに体を動かせることで自分に自信をもち、
何事にも前向きに取り組める子になってほしい。
そんな願いを込めて、この本を作りました。

Contents

●本誌掲載のデータは2021年5月現在のものです。発行後に、料金、営業時間、定休日、メニュー等の営業内容が変更になることや、臨時休業等で利用できない場合があります。また、各種データを含めた掲載内容の正確性には万全を期しておりますが、開園状況や施設の営業などは、大きく変動することがあります。おでかけの際には電話等で事前に確認・予約されることをお勧めいたします。なお、本誌に掲載された内容による損害等は弊社では補償しかねますので、予めご了承くださいますようお願いいたします。●本誌掲載の料金は、原則として取材時点で確認した消費税込みの料金です。また、入園料などは、特記のないものは大人料金です。ただし各種料金は変更されることがありますので、ご利用の際はご注意ください。●交通表記における所要時間はあくまでも目安ですのでご注意ください。●定休日は原則として年末年始・お盆休み・ゴールデンウィーク・臨時休業を省略しています。●本誌掲載の利用時間は、原則として開店（館）～閉店（館）です。ラストオーダーや入店（館）時間は、通常閉店（館）時刻の30分～1時間前ですのでご注意ください。ラストオーダーはLOと表記しています。

表紙・目次写真：汐入公園（→ P34）

本書の使い方

本書は「こどもの運動能力を伸ばす」遊具を備えた公園を、
公園の規模によらず厳選して紹介しています。
こどもの体力には個人差がありますので、
所要時間・くたくた度・適齢などは目安としてください。
歩行時間は大人が歩いた時間の目安です。

❶ 大まかなエリア

東京23区東部／西部、郊外(市部)の3エリアに分けています。

❷ 公園の基本的な情報

【公園の種類】
公園の規模や内容によって、大まかに分類しています。

【駅内 EV】
駅構内エレベータの有無。複数路線が乗り入れている場合、1駅にあれば〇としています。詳細は各駅にお問合せください。

中型公園
所要 2時間
くたくた度 ★★★☆☆
適齢 1〜10歳
【アクセス】
JR錦糸町駅から徒歩3分。または地下鉄錦糸町駅4出口からすぐ
駅内EV 〇
☎ 03-5608-6661
(墨田区道路公園課)
住 墨田区錦糸 4-15-1 料時休 入園自由
P なし
面積 $56{,}124m^2$
MAP P188C2

【所要時間】
公園で遊ぶ際の滞在時間の目安です。

【くたくた度】
★★★★★…まる一日たっぷり遊べる公園
★★★★…半日以上遊べる公園
★★★…２〜３時間が適当、または
　　１〜２時間でも運動量が多い公園
★★…１〜２時間が適当な中規模の公園
★…乳幼児に適した小規模な公園

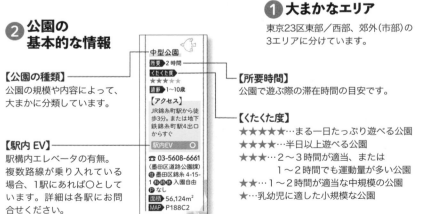

③ PARK DATA

道具を使う遊びや乗り物の持ち込みの可否、園内施設・近隣施設の有無を記載しています。周辺コンビニ・周辺ファミレスは、一番近い出入口からの所要分数です。
※ボール遊び、スケボー、花火、授乳室などは、条件付きまたは事前申請で利用できる場合もあります。事前に公園へお問合せください。
※ペットには必ずリードを付けてください。

④ 遠山式判定

子どもの頃に経験しておきたい多様な「基本動作」のなかから、監修の遠山健太先生が特に運動能力に結びつく12の動作を本書オリジナルで選定。わかりやすいアイコンで表現しています。12の動作のいずれか、または複数の動作ができる遊具を【運動能力が伸びる！ 遊具はコレ】で詳しく紹介しています。各動作の詳しい内容はP8～を参照。

【動作と代表的な遊具の例】

動作	遊具
はう・くぐる	トンネル・ネット遊具
のぼる・おりる	滑り台・複合遊具
はしる	広場
ぶらさがる	うんてい・鉄棒
とぶ	うんてい・ジャングルジム
おす・ひく	ブランコ
のる	シーソー・ロッキング遊具
そうさする	広場（ボール遊びなど）交通公園（自転車など）
まわる	鉄棒・広場（でんぐり返しなど）
ほる	砂場
およぐ・もぐる・うく	プール・親水エリア
わたる	橋・ネット遊具

⑤ 運動能力が伸びる！遊具はコレ

遠山式判定に基づき、こどもの運動能力を伸ばすのに役立つ遊具をクローズアップして紹介します。

⑥ まだある！注目ポイント

遊具以外にも、その公園の魅力を紹介します。花や紅葉、噴水など季節の情報もこちらに。

⑦ エディターズボイス

取材者だから分かる、リアルなお役立ち情報。小さい記事ながら必読です。

⑧ 立ち寄りスポット

公園または乗換え駅から徒歩圏内のショップやカフェ、銭湯など、寄り道したいスポットを紹介。
※立ち寄りスポットの紹介がない公園もあります。

※子どもが遊具を利用する際は、安全のため保護者が見守ってください。
※公園では、近隣住民、他の利用者の迷惑にならないよう、火の始末（花火可の場合）やゴミの持ち帰りを忘れずに。

なぜ、「公園あそび」が子どもの運動能力を伸ばすの？

運動が得意ってどういうこと？

「運動が得意な子」「運動神経がいい子」というと、みなさんは、どんな子をイメージしますか？

小学校の体育の授業で鉄棒の逆上がりをいち早くこなす子、運動会のリレーの選手に選ばれる子、サッカーや野球が得意な子、ダンスが上手な子…などを思い浮かべる方が多いと思います。

逆上がりができる子は腕の筋肉を鍛えているから、かけっこが速い子は脚の筋肉が発達しているから、と思っている方も実は多いのではないでしょうか？

脳
走れ！
脊髄
末梢神経
ぼくだけ
鍛えても
速く走れ
ないんだ！
筋肉
伝達回路が
ないとね！

運動は、決して筋肉の動きだけでするのではありません。身体を動かすときは、**脳から指令をだし、神経細胞を通じて、脊髄・末梢神経・筋肉へと伝える伝達回路が必要です。**「運動が得意な子、運動神経がいい子」は、この**伝達回路が発達している子。**実は運動神経という名の神経はなく、運動の伝達回路の総称が運動神経と呼ばれているのです。

運動能力は、遺伝ではなく「幼少年期の経験」がカギ！

人間はみな、生まれたときから多くの神経細胞を持っています。しかし、細胞同士のつながり、伝達回路は未発達のため、うまく動けません。**運動にまつわる伝達回路は「動作を経験」することで作られていきます。また、くりかえし経験することで、より発達が促されます。**

この伝達回路がもっとも発達する時期は実はとても早く、**幼児期〜小学校中学年の時期**です。ですから、運動能力を伸ばすには幼少年期がカギ！　この時期に、たくさんの動作を経験することが、「運動が得意な子」に育てることへとつながります。

具体的に、鉄棒の逆上がりをするときの動きを思い浮かべてみましょう。

　鉄棒を握り、足で地面を蹴り、身体を引きつけ、回転して、着地する――複数の動作が連動していますよね。逆上がりの仕方を教わったり、年上の子の上手な見本を見たりして、未完成ながらもすぐにこなすことができる子というのは、それまでに逆上がりに必要な一連の動作＝「ける」「まわる」「着地する」などを経験したことがあり、すでにこれらの動作の伝達回路を持っているということなのです。

　すなわち、「運動が得意な子」というのは、言いかえれば**「自分の思う通りに動くことができる」**ということ。それには、**幼少年期に多くの動きを経験し、動作の伝達回路をたくさん脳につくっておいてあげることが大切なのです。それがのちの運動能力となり、将来どん**

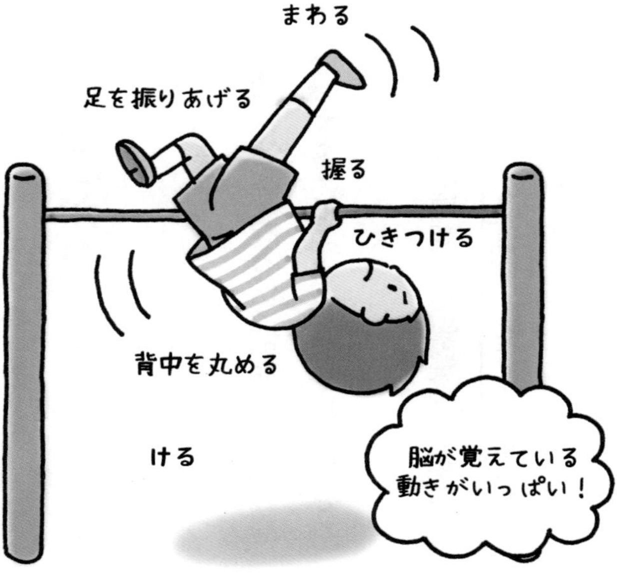
まわる
足を振りあげる
握る
ひきつける
背中を丸める
ける
脳が覚えている
動きがいっぱい！

なスポーツも楽しめる可能性へとつながっていきます。

そして、これらのことから、運動能力は「遺伝よりも環境で育まれる」こともわかります。運動の伝達回路は「動作の経験」で発達するのですから、それができる**環境さえあたえてあげれば、どんな子どもでも運動が得意になる可能性を持っている**んですよ。

幼少年期は、特訓ではなく「あそび」が大事！

「では今すぐ、逆上がりの特訓をしよう」というのはあやまりです。幼少年期は神経の量がぐんぐん増える時期ですが、運動技術がすぐに身につく時期なわけではありません。この時期から偏った動きの特訓や、特定の競技のみを過度に行ってしまうと、アンバランスな筋肉のつき方になったり、体の一部にのみ負担がかかり、スポーツ障害の危険性も高まってしまいます。運動系の習いごとをするのはいいことですが、幼少年期にもっとも大切なのは**身体全体を動かして、多くの動作を経験すること。**それには、**特定の習いごとや特訓よりも、実は「あそび」が一番**なのです！

あそびでの『基本動作』の習得が、ゴールデンエイジに花開く！

先述したように「運動が得意な子」は自分の思う通りに身体を動かすことができる子です。この、**思う通りにきちんと身体を動かせるようになるのに必要な動作を『基本動作』**といいます。幼少年期は、さまざまな『基本動作』をあそびを通して身につけましょう！

大人の指導下よりも…
自由に遊んだ方が基本動作がいっぱい！

子どもの動作発達研究の権威として知られるデビット・L・ガラヒュー氏は、日常生活や将来スポーツの動きの獲得につながる『基本動作』の数を84種類と分類しています。 本書では、それらのなかから**「公園で経験できる、運動能力を伸ばす動作」に特化して、12項目に分類**しました(16ページから詳しく解説)。

幼少年期をすぎて小学校中～高学年になると、「**ゴールデンエイジ**」と呼ばれる時期がやってきます。ゴールデンエイジ期は、神経の発達がほぼ成人に近づき、やり方さえ教われば思った通りにプレーをすることができる「**即座の習得**」が可能となります。あらゆる運動技術が身につく、一生に一度の黄金期と言われる時期です。

しかしそれは、それまでにどれだけ豊富な運動の伝達回路が作られてきたか、という前提条件があってのこと！ **幼少年期の『基本動作』の経験がベースになって、豊かなゴールデンエイジ期へとつながっていく**のです。

『基本動作』の習得で、大切にしてほしいポイントがあります。それは、**大人の指導ではなく、「あそび」で経験すること。** **大人の指導下よりも、子どもが自由にあそんでいるときの方が基本動作が多くなることが、発育・発達の研究で実証されています。**私自身も、子どもたちと公園に行き、私が作ったプランであそんだときと、子どもたちの自主性にまかせてあそばせたときの比較調査をしたところ、後者の方が基本動作の数が多く、運動効果が高いことがわかりました。ついあれこれと指示を出したくなるのも親心ですが、幼少年期の子どもの運動の基本は、「自由にあそぶこと」なのです。

公園あそびは、『基本動作』の宝庫！

では、子どもたちがあそびながら基本動作を身につけるのに、最適な場所はどこだと思いますか？

それはずばり、「**公園**」です！

理由1 子どもは公園が大好き

公園がきらいな子というのはあまりいませんよね。**運動を得意にするのには、「運動が楽しい！　運動が好き！」という気持ちを育むことがとても大切**です。公園に行けば、子どもたちは親の指図がなくとも勝手にあそびだすでしょう。先述した「**自主性**」という点も、公園では楽々クリアします！

理由2 遊具は基本動作がいっぱい

ブランコやジャングルジム、すべり台などの遊具でのあそびは、実は**基本動作の宝庫**です。最近はさまざまな工夫をこらした複合遊具も多くあります。公園によっては、多様な基本動作ができることを重視して作られているものも見られます。

また、子どもは同じ遊具で何回もくりかえしあそびますよね。この**くりかえしあそぶということも、動作の習得にはとても効果的です。**

理由3 自然とのふれあいにも、基本動作が！

遊具だけでなく、自然とふれ合えることも公園の魅力です。木の実や落ち葉拾いに夢中で、遊具までたどりつかない…という場面も子どもにはよくありますね。しかし、**しゃがんだ姿勢で移動しながら木の実を拾うことも、股関節の柔軟性につながる基本動作**です。季節を感じたり、さまざまな植物や生きものにふれることも、幼少年期には大切な経験になります。

理由4 いろいろな年齢層の子とあそべる

同じ遊具でもちがうあそび方をしている子を見たり、年上の子のスムーズな動きを見たりできるのも、公園ならではです。異年齢の子ども同士のあそびは、あそび方のバリエーションが増えたり、チャレンジ精神が生まれ、基本動作がおのずと増えていきます。

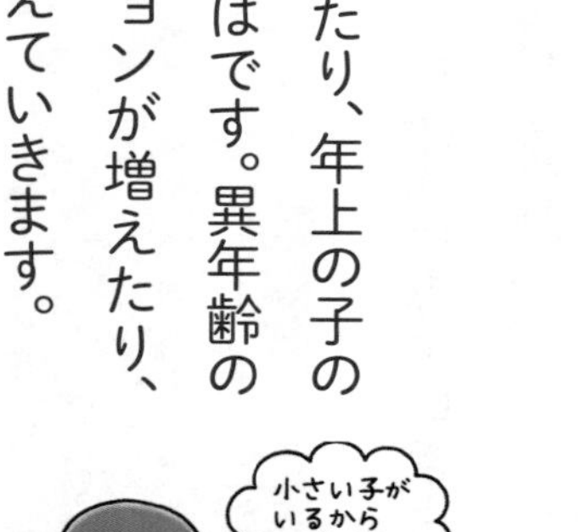

公園あそびは思いやりもうまれます

遠山式
公園で経験できる12の「運動能力を伸ばす基本動作」

それでは、『基本動作』がどのような動きなのかを、具体的にみていきましょう。

本書では、**公園で経験できる「運動能力を伸ばす基本動作」**を12項目に設定しました。動作の内容や、将来のスポーツ能力にどうつながるのかを解説します。

身体を移動する動き

身体の重心の移動をともなう動作です

はしる

「走る」は、どんな公園でもできる動作です。また、多くのスポーツ競技で必要とされる運動能力です。**速く走れることだけが重要なのではありません。**身体をどのように動かすか（速さ・強さなど）、どこへ動かすか（方向・空間など）によって、さまざまな「走る」があります。**幼少年期はテクニックではなく、まずは「思いっきり走る経験」をしましょう。**大きな公園で走れば、**持久力**や**ダッシュ力**が身につきます。小さな公園では鬼ごっこがおすすめです。追いかける、逃げる、かわすなど、狭い場所ならでは「走る」が体験でき、**敏捷性**が自然と育まれます。

のぼる・おりる

日常生活においても、階段昇降などで不可欠な動作です。公園では、すべり台、はん登棒（のぼり棒）、ジャングルジム、複合遊具のほか、傾斜のある小山や回遊式庭園もおすすめ。お尻の筋肉（大殿筋）や太もも裏の筋肉（ハムストリングス）が鍛えられ、**速く走るのに必要な地面を蹴る力も育まれます**。公園遊具でのあそびでは、手足を使ったのぼりおりが豊富に行えるのもよいところです。

はう・くぐる

四つんばいで「はう」動きは、手足だけでなく、背筋や腹筋も使います。「くぐる」は、姿勢の変化に伴うバランスが必要とされる動作です。全身の部位を使うことで、あらゆるスポーツ競技はもちろん、日常生活においても、**スムーズな身のこなし**につながります。

とぶ

「垂直にとぶ」「水平にとぶ」と、それらに伴う「着地する」「飛び降りる」を含む動作です。公園では、複合遊具やジャングルジム、はん登棒（のぼり棒）などで頻繁に出現します。**太ももの筋肉だけではなく、踏み込む力、足首の柔軟性、バランス力なども必要**とされます。陸上競技、体操競技、バレーボールやバスケットボール、ダンス、ウィンタースポーツなど、非常に多くのスポーツ競技のベースになります。また、日常生活においても、**とっさのときに怪我をしない危機対応能力**につながります。

およぐ・もぐる・うく

水あそびを通して水に慣れ親しむことは、運動面はもちろんのこと、水の事故を回避する力としても大切です。**家庭でできる防災教育**のひとつでもあるので、ぜひ積極的に水あそびをしてほしいと思います。プール併設の公園や、夏季にじゃぶじゃぶ池が開放される公園に、思う存分濡れてもよい準備をして出かけましょう。水泳やビーチバレーをはじめとする**水中・海洋系のスポーツ競技にもつながります。**

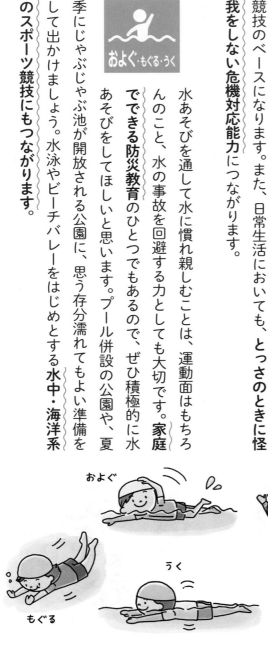

バランスをとる動き

姿勢の変化や安定性を必要とする動作です

ぶらさがる

「ぶらさがる」は、自分の体重を手と腕で支える動作です。そして、ぶらさがるのには、**握る力**も必要です。**握る力は、「投げる」「打つ」などの「そうさする」動き**（21ページ参照）**の基本にもなります**。公園では、鉄棒にぶらさがるだけでも握る持久力がつきますし、握る力がついてくると、ジャングルジムや複合遊具など、遊べる幅が広がっていきます。

まわる

平衡感覚を司る三半規管が発達しはじめるのは3歳頃から。この時期に「まわる」動作を経験しておくと、小学校の体育種目の鉄棒やマット運動の習得がスムーズになります。公園では、鉄棒あそびや大人の身体を使ったくるりんぱ（26ページ参照）がおすすめ。頭を逆さにする感覚は、スポーツ競技で回転や転倒をしたときの怪我回避にもつながります。

のる

「のる」動作は、**身体の姿勢を保ち、バランス感覚が身につきます。ブランコやスプリング遊具、複合遊具などで、経験できます。**交通ルールを学びながら自転車の練習ができる**交通公園**（１４９ページ参照）もおすすめです。オリンピック種目でもあるボート競技やスケートボード、馬術のほか、ウィンタースポーツにも「のる」競技が多くあります。

わたる

歩いて渡る、走って渡る、とんで渡るなど、さまざまな「わたる」があります。身体のバランス感覚だけでなく、**空間把握能力、歩幅やスピードを調整する力**など、あらゆるスポーツ競技で必要とされる能力につながる動作です。公園では、飛び石遊具、ジャングルジム、複合遊具などで、多様な「わたる」を経験できます。

ものを使う・あつかうの動き

手や足、道具を操作する動作です

おす・ひく

「おす・ひく」は、**手の力だけでなく、踏んばる力や、足首や股関節の柔軟性も必要な全身動作**です。相手が押してきたところを、**身体を引いてかわす力の調整力**も含まれます。この動作の代表的なスポーツといえば、相撲や綱引きですね。26ページで、親子でできる相撲あそびを紹介しているので、ぜひ参考にしてみてください。

ほる

公園でできる「ほる」動作は、砂あそびです。親はつい汚れるから…と制してしまいがちですが、砂あそびは、スコップなどの**道具を操作する動き**に加え、しゃがんだ姿勢であそぶので**股関節の柔軟性**も養われます。西洋式生活の現代では、股関節や足首が固い子が多いのですが、**股関節の柔軟性は「はしる」「とぶ」の動作の素地**にもなります。砂場がある公園では、ぜひ砂あそびをさせてあげましょう。

そうさする

「そうさする」は、手足や道具を使う動作です。**「投げる」「捕る」「打つ**（手で打つ、棒状のもので打つ、ラケットで打つ）**」「蹴る」「パントする※」**が含まれ、あらゆる球技スポーツの素地になる動作です。小さな子はボールを投げるとき、手だけでひょいっと投げますが、ボールあそびを通してくりかえし投げる経験しておくと、だんだんと身体の使い方や必要な筋肉が備わり、上手な投げ方が身についていきます。小学校のドッジボールで活躍できる子は、小さい頃からボールあそびをよくしてきた子です。

※ラグビーやサッカーなどで、ボールを手から落とし、地面につく前にけること。

教えて！遠山先生
公園であそび方を学ぼう！（汐入公園編）

では、実際に公園であそんでみましょう！
いくつの基本動作が体験できるでしょうか。
運動能力がアップするポイントは、
公園のいたるところにありますよ！

汐入公園の
詳細情報は
34ページへ

遠山先生
たくさんあそぼう！
すみれちゃん（4歳）
しょうたくん（5歳）

ダッシュ！
はしる
のぼる・おりる

公園に着いた瞬間からあそびがはじまる！

公園に到着するやいなや、わーっ！と走り出す子どもたち。広い公園は、移動だけでも十分な運動ポイント。ちょっとした起伏も、子どもにはなんのその！ まずは子どもたちが行きたがるエリアへと向かってみましょう。

複合遊具

わたる

はう・くぐる

はしる

のぼる・おりる

複合遊具は、基本動作の宝庫！

子どもたちが大好きな複合遊具は、あらゆる基本動作の連続体験。移動系動作もバランス系動作ももりだくさんです。「もっと上までいってみたい」などとチャレンジ精神も生まれます。複合遊具を目当てに、いろいろな公園をはしごするのもおすすめ。

手足を使ったのぼりおりは公園ならでは！

ぶらさがる
のぼる・おりる

わたる
ぶらさがる

もっと運動効果UP!

親子でタイムトライアル！

複合遊具の回り方のコースを決めて、タイムトライアルやリレーをしてみよう！

ザイル
クライミング
ぶらさがる
わたる
おす・ひく
足の裏も
使うよ！

のぼる・おりる
おす・ひく
すべり台

教えて！ 遠山先生

すべり台を逆走
したがるのですが…

まわりに人がいないか、靴が汚れていないかなど、公共の場でのマナーの配慮は必要です。そのうえで諸々の危険性がなければ、子どもの自主的なあそびはOK。怪我回避のために、親はすべり台の正面で、しっかり見守りましょう。

ジャーンプ！
とぶ

ほる
砂あそび

スプリング遊具
ゆらゆら
バランス！
のる

すわった姿勢で
移動する砂あそ
びは、股関節や
足首が柔軟にな
りますよ！

足が速くなる！

鬼ごっこをしよう

鬼ごっこは、「はしる」の最強トレーニング！

幼少年期は、速く走るテクニックを教えるよりも、思いっきり走る経験が一番！ 鬼ごっこは、ダッシュで追いかけたり追われたり、相手の動きを予測してかわしたりなど、「はしる」のあらゆる要素がつまっています。色鬼、高鬼、氷鬼、しっぽ鬼など、ルールつきの鬼ごっこなら、考える力もプラス。大人も童心にかえって、ぜひ“本気”で鬼ごっこを楽しみましょう！

はしる

- 追いかける
- 走る
- 逃げる
- かわす

もっと運動効果UP!

オリジナル鬼ごっこを考えよう

「右にしか曲がれない」「この木にタッチしてる間は休んでOK」など、オリジナルルールを作ってみよう。ルールを作ることで、考えながら動く力が養えます。これはスポーツ競技には欠かせない能力。創造力も育まれます！

教えて！ 遠山先生

子どもが走りたがらない時は？

鬼ごっこや追いかけっこに消極的な場合、その理由は、もしかしたら苦手意識があるかもしれません。そういうときは、上手にハンデをつけてあげるとよいでしょう。「大人の鬼はケンケンだけ」などと、みんなで楽しめる工夫を考えてみましょう。

自然と親子のふれあいも

芝生や広場であそぼう

どんな景色がみえるかな？
自然のなかでクルッと回転！

くるりんぱ

まわる　ぶらさがる　おす・ひく

天地が逆さになる感覚は、平衡感覚を司る三半規管が発達する幼児期にぜひ経験しておきたい動作です。公園の自然のなかでクルッと回ると、どんな景色が見えるかな？

手をぎゅっと握って、足でのぼるよ！
頭を逆さにしてぐるん！
逆回りもチェレンジしてみよう！

親子の相撲あそびで
力のかけひきも習得！

相撲ごっこ

おす・ひく

相撲は、相手と力をぶつけ合う全身運動。相手の力を利用して、力を入れたり抜いたりするバランス感覚を養えます。また、しゃがんだ姿勢から立ちあがったり、踏んばる動作によって、足首や股関節の柔軟性も育まれます。親子で相撲あそびができるのは幼少年期だけです！ぜひ一緒に楽しんでください。

もっと運動効果UP!

タオル相撲にチャレンジ

細長いフェイルタオルや手ぬぐいをつかったタオル相撲もおすすめ。一歩でも動いたら負けです。大人は片足にするなど、自由にアレンジしてみても。

手押し相撲

おす・ひく

手押し相撲で手を引いたらどうなる？

シャボン玉キャッチ

とぶ
はしる
自分と対象物の
距離を把握！
落ち葉や
花びらでも
楽しいね

おうまさん

のる
バランス！
落とされない
ように！

屋外ならではの、刺激がいっぱい

シャボン玉キャッチは、子どもの身長より少し高い位置にとばしてあげるのがポイント。見上げながら移動することで平衡感覚が養われます。また、シャボン玉と自分の位置関係を意識する空間把握能力も育まれます。風でシャボン玉が思わぬ方向にとばさたら方向転換！公園では、屋外あそびならではの動作の出現や五感への刺激が大いにあります。ピクニックランチも楽しいですね。

ピクニックランチ

外で食べると
おいしい！
草で
作った
バッタ！

教えて！遠山先生

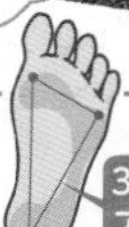

3点
アーチ

土踏まずって必要？

あらゆる動作、スポーツの基本は、正しく立って歩くこと。それには、足の３点のアーチが形成された「土踏まずがある足」にすることが必要です。公園の芝生や砂場では裸足であそぶようにすると、足裏の感覚が鍛えられ、しっかりと歩いて走れる足になりますよ！

ボールあそびをしよう

ボールを使う動作は、ぜひ幼少年期から！

「そうさする」という動作は、手足や道具を使う動きです。特にボールの扱いは、幼少年期のうちに経験しておくと、その後の球技の習得がぐっとスムーズになります。ぜひ、たくさんボールあそびをしましょう！「投げる」動作は、スポーツでは野球を想像しがちですが、テニスのサーブやスマッシュ、バレーボールのアタックなど、あらゆる球技の基本となります。

そうさする　はしる

- 投げる
- 打つ
  - 手で
  - 棒で
  - ラケットで
- 捕る
- 蹴る

投げる・捕る

いろいろな大きさのボールを使ってみよう。ボール禁止の公園では、風船やシャボン玉、ハンカチを丸めたもので代用できますよ！

ボールあて・ボールよけ

親子であてっこしよう

ボールをあてる・よけるあそびは、「走る」と「投げる」の連動動作。マトを決めてあてっこするのでもOK。距離を変えたり、ボールの大きさを変えたりのアレンジも◎。

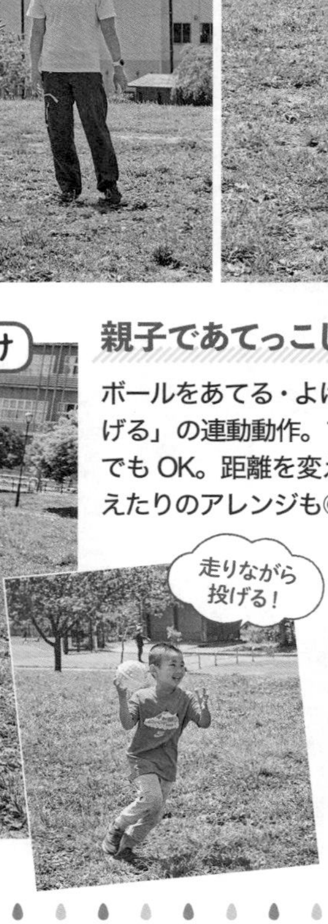

もっと運動効果UP!

利き手NG、方向指示で難易度アップ

あてる方は利き手と反対の手に限定、よける方は動ける方向を限定してみよう。瞬時に判断する力や敏捷性が育まれます。

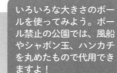

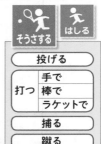

打つ

いろいろな「うつ」にトライ！

打つ動作には、「手で打つ」「棒状のもので打つ」「ラケットで打つ」があります。また、止まっているボールを打つ、投げたボールを打つ、シャトルを打つなど、さまざまな「うつ」があります。ボールの大きさによっても難易度がかわるので、いろいろとチャレンジしてみましょう。

蹴る

パントにも挑戦しよう

蹴る動作は、ボールと自分の距離をつかむ空間把握能力や、足首や股関節の柔軟性を養います。手で落としたボールを、地面つく前にキックする「パント」にも挑戦してみましょう。最初はシャボン玉や風船でもOK。対象物の軌道を予測する力を育みます。

教えて！ 遠山先生

親が球技が苦手、上手なお手本がみせられません…

上手かどうかということより、幼少年期の子どもにとっては、親が本気であそんでくれるという経験が何よりも大切！ですから、レベルは気にせずに、思いっきりあそんでください。「運動って楽しいな！」と思える経験が、運動能力を育てる第一歩です。

もっと運動効果UP!

高さの目標設定をプラス

パントに慣れたら、なわとびやロープを使って、高さの目標を設定するのもおすすめ！

運動が得意になると、人生も豊かに！

運動能力をぐんぐん伸ばす、公園あそびのポイント

ポイント1　公園はしごをしよう

運動能力を伸ばすには、これまでお話ししてきたように、特定の動作だけでなく、できるだけ多くの基本動作を幼少年期に経験することが大切です。公園によって、置いてある遊具にはさまざまな個性があります。ですから、近所の公園だけでなく、**いろいろな公園へ出かける「公園はしご」をしてみましょう**。本書では、各公園に、経験できる基本動作のアイコンを記しました。それを参考に、**「いつもこういう遊具や動作が多いから、今度は違う動作アイコンがある公園へ行ってみよう」**という探し方をすると、より効果的です。

私は、自分の2人の子どもの幼少年期には、地図を片手に、アシスト自転車や電車を使っ

て、あらゆる公園に出かけてました。その数は500以上！**親子で一緒に公園あそびができる時期は、実はそう長くはありません。**とてもいい思い出にもなりますよ。

ポイント2 自由に、一緒に、比べずに！

先述したように、親の指導下ではなく、**子どもが自由にあそぶこと**が、もっとも運動効果があります。そして、**親が一緒にあそぶこと**も、運動能力を育むうえではとても大切です。子どもの能力の獲得は、まずまねから入ります。人間の脳にはミラーニューロンというまねに特化した神経細胞があるからです。一緒にあそぶことで、子どもは親のまねをして動作を覚えていきます。高度な手本となる必要なありません。親子で思いっきりあそんで楽しむことが、運動を好きにし、運動能力アップへと導きます。

また、公園はいろいろな子どもとあそべるのもいいところですが、その分、親は他の子と自分の子を比べてしまいがちです。**幼少年期は、同じ年齢でも、月齢や身体の大きさ、性別によって発育には個人差があり、安易な比較は意味をなしません。**自分の子の動きをしっかりとみて、できるようになったことを大いにほめてあげてください。

あそびからスポーツ競技への切り替えはいつ？

小学校中学年ぐらいになると、チームプレーが楽しめるようになったり、競争意識が芽生えはじめたりして、徐々にあそびからスポーツになっていきます。しかし、**特定のスポーツ競技に絞るのは、中学生・高校生以降で十分です。**それまではさまざまなスポーツを経験するほうが、偏りのない身体と運動能力が育まれることが、最新のスポーツ科学研究でも明らかになっています。実際、現在活躍しているトップアスリートには、過去に複数のスポーツを同時期に楽しんできたタイプが多く見られます。幼少年期に運動を楽しむ気持ちを育めれば、その先には多くの可能性が広がっていくのです！

運動が得意になると、自信つき、積極性や集中力もアップします。また、運動習慣ができ、健康で豊かな人生が送れるようになります。いいこと尽くしです！　東京には、幸いたくさんの公園があります。ぜひ親子ででかけて、たくさんあそんでください。

Best Recommended by Mr.Toyama

運動能力を伸ばす遊具がめじろおし！

遠山先生おすすめ5公園

❶ 汐入公園
❷ 舎人公園
❸ 清水坂公園
❹ 二子玉川公園
❺ 落合公園

遠山先生
おすすめ
BEST5

汐《しお》入《いり》公《こう》園《えん》

巨大な複合遊具「ツインタワー」
が子どもの好奇心をくすぐる

東京スカイツリー® を望む広場にそびえるツインタワーに挑戦！

隅田川に隣接し、水辺の心地よさを感じる開放的な公園。北側に広々した芝生広場と遊具があり、ここに向かうと真っ先に目に飛び込んでくるのが通称「ツインタワー」と呼ばれる大型複合遊具。そびえ立つ２つの塔は3階建てほどの高さがあり、見た目のインパクトでも子どもを引きつける。空中回廊の下にぐるりと一周たくさんの遊具が組み込まれていて、順番にチャレンジしたくなる造り。自ずといろいろな動作が経験できる。遊具を満喫したら、芝生遊びへ。日時計があるハーブガーデンや噴水などのスポットもあるので、園内を巡って思う存分楽しもう。

遠山式判定

はう・くぐる
のぼる・おりる
はしる
ぶらさがる
とぶ
おす・ひく
のる
そうさする
まわる
ほる
わたる

PARK DATA

ボール遊び	○
スケボー	×
花火	△（要申請）
ペット	○
おむつ替え	○
授乳室	△（要問合せ）
園内売店	×
園内飲食店	×
周辺コンビニ	徒歩5分
周辺ファミレス	×

大型公園

所要 3時間

くたくた度 ★★★★☆

適齢 3〜12歳

【アクセス】

JR・地下鉄・つくばエクスプレス線南千住駅から徒歩12分

駅内EV ○

☎03-3807-5181

㊟荒川区南千住8-13-1 料時休入園自由(一部有料)

Ⓟ有料70台

面積 129,370m²

MAP P189C2

運動能力が伸びる！ 遊具はコレ

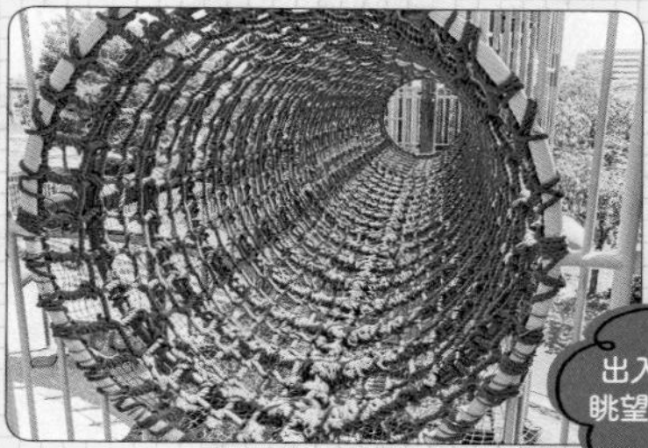

リングネット
ツインタワーの間に渡されたネットのトンネル。空中回廊からはしごを上って到達できる。

出入口からの眺望も楽しみ！

丸太渡り
どこを通って渡ろうか考えながら挑戦。くぐったり、座ったりして遊ぶこともできる。

トンネル滑り台
小さめサイズで幼児から楽しめる。上り口はカーブのはしごになっている。

組み込まれた遊具を制覇しよう

複合遊具
塔の中に階段があり、空中回廊に上れる。最上部にリングネット、回廊の下には多彩な遊具が。

体幹が鍛えられそう！

渡り遊具
ロープでつながれた小さな足場を渡る。足場がゆれて不安定なので、バランスを取るのが難しい。

ザイルクライミング
ロープでできたジャングルジムのような遊具。頂上を目指して上ろう。

Editor's Voice

園内の至るところから東京スカイツリー®が眺められ、フォトスポットもたくさん。

まだある！ 注目POINT

芝生広場
ゆるやかな傾斜があり、駆け回って遊べば上り下りの運動にも。周囲には健康遊具が設置されている。

日時計広場（ハーブガーデン）
日時計の周りにハーブの花壇が整備されており、香りに癒される。花壇の影にかくれて、かくれんぼもできそう。

噴水
地面から水が噴き出し、夏に子どもの水遊び場として賑わう。安全のためサンダルを履いて。

遠山先生のおすすめPoint！

要塞を思わせる巨大なツインタワーは、大人も十分に楽しめます。おすすめの遊具は芝生エリアにある「上り式うんてい」。難易度が非常に高いです。ぜひチャレンジしてみてください！ 広大な敷地に魅力的なスポットがたくさんあるので、事前にターゲットを決めてあそぶのも◎。

遠山先生おすすめBEST5

舎人公園《とねりこうえん》

芝生広場で走ったりボール遊びをしたり、思い思いの過ごし方を

広さは都内最大級。数々の広場や遊具で1日中遊べる

舎人公園駅を中心に4つのエリアに分かれ、東側は様々な広場、西側は陸上競技場やテニスコート、ドッグランなどのスポーツ施設が配置されている。幅や長さ、傾斜などが異なる2つのコースがあるそりゲレンデは、子どもたちに大人気。小さい子どもでも保護者同伴で楽しめる（2歳以下は同伴でも利用不可）。夏休み限定のじゃぶじゃぶ池はウォータースライダーがついた本格派。足立区で最も高い標高17.5メートルのあさひの広場では360度の眺望を楽しむことができ、天気が良ければ東京スカイツリー® や東京タワー、富士山まで一望できることもある。

遠山式判定

はう・くぐる	のぼる・おりる	はしる
ぶらさがる	とぶ	おす・ひく
のる	そうさする	まわる
ほる	およぐ・もぐる・うく	わたる

PARK DATA

ボール遊び	○
スケボー	×
花火	×
ペット	○
おむつ替え	○
授乳室	○
園内売店	○
園内飲食店	×
周辺コンビニ	徒歩10分
周辺ファミレス	徒歩10分

児童公園

所要 4時間

くたくた度 ★★★★★

適齢 1〜10歳

【アクセス】
日暮里・舎人ライナー舎人公園駅すぐ

駅内EV ○

☎03-3857-2308
住 足立区舎人公園1-1
料 時 休 入園自由
P 有料146台
面積 644,996m²
MAP P189C1

運動能力が伸びる！ 遊具はコレ

Editor's Voice

遊具がたくさんあるのは駅の東北側、冒険の丘は南東側にあります！

そりゲレンデ

ゲレンデのてっぺんまで上ってそりで滑りおりる爽快感がたまらない！慣れてきたらスピード感も楽しもう。

夢中になれる気持ちよさ

ターザンロープ

ロープの下にくくりつけられた玉に乗って滑走。単純な仕組みだからこそ何回やっても楽しい。

円筒埴輪の塔

2021年6月にオープンした「冒険の丘」の遊具。ぐるぐる回るすべり台は見た目以上におもしろい！

のぼるもくだるも自由自在！

ザイルクライミング

太いロープが繋がったツリー状の遊具。てっぺんまで登るのも、ふもとで横渡りするのも◎。

チューブのなかでドキドキ！

チューブ式すべり台

幼児公園にある遊具。てっぺんからすべり台の出口が見えないのも、小さな子どもにとっては楽しい遊び。

バスケットゴール

ボールの貸し出しはないが、手持ちのボールがあればちょっとした試合形式の遊びも。

まだある！ 注目POINT

じゃぶじゃぶ池

夏休み期間のみ営業。本格的なウォータースライダーで遊ぶこともできる。(利用時間は10〜16時。水曜日は利用不可)

大池

園内北東部に広がる大池はカルガモなどの水鳥や魚、昆虫のすみか。さまざまな生き物を観察しよう。

バーベキュー広場

1年中利用可能。機材や食材を用意してもらい、手ぶらで行けるのがうれしい(要予約・利用日の前月3日より受付)。

遠山先生のおすすめPoint!

自然観察ができるスポットがあり、動植物の宝庫です。エリアによって見られる動植物が異なります。おすすめは、子ども用の双眼鏡を持たせてバードウォッチング！観察力も養えますし、自然と移動距離も増えるので、気づいたら相当量の運動になっていますよ。

写真提供：公益財団法人東京都公園協会

遠山先生おすすめBEST5

芝生広場では走り回ったり、シートを敷いてのんびり過ごしたり♪

清水坂公園《しみずざかこうえん》

起伏に富んだ園内は走り回るだけで全身の運動になる

武蔵野台地の崖地を利用した立体感のあるランドスケープが特徴。緩やかな斜面になっている芝生広場のほか、いくつもの階段や遊歩道が設置され、園内を散策するだけでよい運動になる。子どもには長さ52mのローラー滑り台が大人気。樹木に覆われ、空中を滑走しているような爽快感を味わえる。夏季のハイライトは高低差を利用した全長150mの川での水遊び。渓流をイメージした川に子どもたちの歓声が響きわたる。園内には約68種360本の樹木が植えられ、豊かな自然に包まれた居心地のよさも魅力。自然環境を学べる自然ふれあい情報館を併設している。

遠山式判定

はう・くぐる
のぼる・おりる
はしる
ぶらさがる
とぶ
おす・ひく
のる
そうさする
まわる
ほる
およぐ
わたる

PARK DATA

ボール遊び	×
スケボー	×
花火	×
ペット	×
おむつ替え	○
授乳室	○
園内売店	×
園内飲食店	×
周辺コンビニ	徒歩4分
周辺ファミレス	×

児童公園

所要 3時間

くたくた度 ★★★★★

適齢 1～12歳

【アクセス】
JR東十条駅から徒歩10分、JR十条駅から徒歩12分またはJR赤羽駅から徒歩15分

駅内EV ○

☎なし
住北区十条仲原4-2-1
料時休入園自由
Pなし

面積 20,647m²

MAP P189B1

運動能力が伸びる！ 遊具はコレ

Editor's Voice

十条駅から歩く場合は、賑わう十条銀座商店街でお弁当を調達！ 夕飯の買い出しにも便利です！

いたるところに階段が

階段&坂道

斜面に木の階段や石段、スロープなどがいくつもありコース取りは自由自在。かなりの運動量になる。

ブランコ

シンプルな2連のブランコ。夏は目の前に川が流れるので、爽やかな眺めも魅力のひとつ。

鉄棒

大人用の健康器具の間に配置された鉄棒。3つのサイズが揃い、12歳くらいまで遊べる。

何度も滑りたくなる爽快感☆

ローラー滑り台

高台から2カ所のカーブで折り返しながら一気に下るローラー式の滑り台。利用は16時30分まで。

斜面の鬼ごっこはキツい！

芝生広場

中央の芝生広場は緩やかな斜面から平地へとつながり、小さな子どもは駆けおりるだけでも楽しい。

砂場

長さが不揃いの丸太に囲まれたかわいい砂場。近くに水道があるので水を使った遊びも。

まだある！ 注目POINT

じゃぶじゃぶ池

斜面を利用した高低差10mの川と池は5～9月頃のオープン。7カ所から毎分5トンの豊富な減菌処理水が放流される。

自然ふれあい情報館

北区の自然についての展示や映像が見られる。併設の自然園ではガイドツアーも。9時30分～16時30分(月曜休み)。

電車ビュー

埼京線の線路に面しており頻繁に電車が行き交う。マンションの合間からは東北・上越新幹線がチラッと見える。

遠山先生のおすすめPoint!

夏の水あそびスポットもおすすめですが、清水坂公園の魅力はなんといっても広大な芝生！広いだけではなく傾斜もあるので、運動量は十分すぎるほど確保できるでしょう。ローラー滑り台は行列ができる人気遊具。ぜひお子さんを足の上に乗せて一緒に滑ってみてください。

遠山先生おすすめBEST5

二子玉川公園《ふたこたまがわこうえん》

ビジターセンター横の「遊具の遊び場」はいつも賑わっている

多摩川に臨む 自然豊かな公園で のびのび身体を動かそう

二子玉川駅の東側に再開発された複合施設「二子玉川ライズ」と直結した、2013年開園の大型公園。バリアフリーを徹底した園内はスロープやエレベーターが整備されており、ベビーカーや車いすでも楽々。子育て世代にやさしく安全・安心な公園として、買い物に訪れたファミリーにも人気がある。未就学児には、床がゴムチップ舗装された「遊具の遊び場」がおすすめ。さらに芝生の傾斜地に大型の滑り台と木製アスレチックが造られた「みどりの遊び場」は5、6歳以上に大人気。泥だらけ＆汗まみれになるのを想定して、着替え持参で行こう。

遠山式判定

はう・くぐる
のぼる・おりる
はしる
ぶらさがる
とぶ
おす・ひく
のる
そうさする
まわる
ほる
およぐ
わたる

PARK DATA

ボール遊び	○
スケボー	×
花火	△(条件あり)
ペット	○
おむつ替え	○
授乳室	○
園内売店	×
園内飲食店	○
周辺コンビニ	徒歩3分
周辺ファミレス	×

大型公園

所要 3時間

くたくた度 ★★★☆☆

適齢 1〜6歳

【アクセス】
東急線二子玉川駅から徒歩9分。または東急線上野毛駅から徒歩8分

駅内EV ○

☎03-3700-2735
住 世田谷区玉川1-16-1 料 時 休 入園自由
P 有料23台

面積 63,000m^2

MAP P189A3

運動能力が伸びる！ 遊具はコレ

滑り台

対象年齢は6〜12歳。階段があるが、ネットや土の斜面を登っていくキッズが大半。

みどりの遊び場にあるよ！

木製アスレチック

傾斜面に平均台やロープを張った道が一直線に並んでいる。上るより下りが難しい。

クライミング遊具

ルートを考えながら3つの遊具を連続で渡る楽しさがある。未就学児はまず1ヵ所から。

潜望鏡も付いているよ！

複合遊具

「遊具の遊び場」の中央に位置する（対象年齢は3〜6歳）。軒下には、揺すると音の鳴る柵がある。

水を流すのに力がいるよ！

水遊び場

ボタンを押すと水道水が流れる手動タイプ。通年利用できるので、暑い日は自由に水遊びができる。

小山

床と同じゴムチップ舗装で滑りにくい。四つん這いで上がったり、駆け下りたりして遊ぶ。

Editor's Voice

多摩川に臨む眺望広場横にはスターバックスコーヒーがあります。テラス席はペット同伴OK！

まだある！ 注目POINT

帰真園

世田谷区立初の周遊式日本庭園。小学生以下は大人同伴で入れる。時9〜17時（11〜2月は〜16時30分）休火曜

子ども広場

砂利の広場で、園内で唯一ボール遊びができる場所。平日の午後や休日はサッカー遊びに興じる小学生が多い。

ふれあい休憩室

ベビー連れが利用できる休憩スペース。公園や多摩川に生息するいきものの展示が興味深い。時10〜16時 休火曜

遠山先生のおすすめPoint！

ボール遊びができる広場スペースがあるのは貴重です。遊具は種類が豊富なうえ、未就学児でも楽しめるものがそろっています。広い芝生エリアでは、思いっきり走りまわれますし、ピクニックをするのもおすすめです。夏は水着持参でぜひ水あそびを楽しんでください！

遠山先生おすすめBEST5

落合公園《おちあいこうえん》

上る、くぐる、滑る、ぶら下がる……
いろいろ遊べるアスレチック！

複合遊具で思い切り体を動かしつつ自然を満喫できる

都心の住宅街に佇む公園だが、園内中心の小山の上には、立派な複合遊具が。ローラー滑り台をはじめ、ジャングルジム、ボルダリング、ターザンロープ……と体をめいっぱい駆使して思いきり遊ぶことができる。周辺にはブランコや幼児用遊具など一通りの遊具が揃うほか、バスケットゴールがありボール遊びもできる「スポーツコーナー」も。見渡せるほどの広さなので移動も少なく、小さな子どもを持つ親も安心して遊ばせられる。園内奥にはカルガモが泳ぐ小さな池や花咲く小道、犬の広場があったりと、子どもから大人まで地元の憩いの場となっている。

遠山式判定

はう・くぐる	のぼる・おりる	はしる
ぶらさがる	とぶ	おす・ひく
のる	そうさする	まわる
ほる	およぐ	わたる

PARK DATA

ボール遊び	○
スケボー	×
花火	×
ペット	×
おむつ替え	×
授乳室	×
園内売店	×
園内飲食店	×
周辺コンビニ	徒歩4分
周辺ファミレス	×

中型公園

所要 2時間

くたくた度 ★★★☆☆

適齢 1～10歳

【アクセス】
地下鉄中井駅から徒歩10分
駅内EV ○

☎03-5273-3914
（新宿区みどり土木部みどり公園課）
住 新宿区中井1-14
料 時 休 入園自由
P なし

面積 9,602m^2
MAP P188A2

運動能力が伸びる！ 遊具はコレ

Editor's Voice

緑が多く日陰も多いですが、複合遊具で遊ぶときは帽子が必須！

網を登るスリルがたまらない！

網タワー

這って、くぐって、上へ。網の大きさがちょうど子どもの足のサイズと同等で安心して挑戦できる。

ローラー滑り台

複合遊具から長く伸びるローラータイプの滑り台。傾斜が少ないため小さな子も安心。

ジャングルジム

階段部分を利用したジャングルジム。一番上に上れば公園全体を見渡せて気持ちいい！

小山からひゅぅっと気持ちよく！

ターザンロープ

複合遊具からは2つのターザンロープが伸びる。高すぎず、小さな子でも恐怖心なく挑戦できる。

体全体を大きく動かして！

ボール渡り

ロープで吊り下げられた大きなボールを渡って小山を上る。渡るたびにゆらゆら動き、スリル満点！

ボルダリング

複合遊具の壁のいたるところにボルダリングがある。運動能力に応じて挑戦してみよう。

まだある！ 注目POINT

スポーツコーナー

柵で囲まれた中にはバスケットゴールもあり自由に利用できる。時8〜19時(10〜3月は〜17時※利用休止の場合あり)

平行棒

健康遊具も豊富。クネクネと曲がっているため意外と難易度が高い。子どもと一緒にパパママも挑戦してみよう。

電車が見える

線路沿いで正面から電車が来るのを目の当たりにできる。電車好きの男の子にはたまらない！ 柵があるので安心。

遠山先生のおすすめPoint！

複合遊具エリア、自然を楽しむエリア、ボール遊びができるエリア、犬の広場が1つの公園内にあるのが特徴。ボール遊びができる「スポーツコーナー」は柵があり、安心して思いっきり球技ができます。線路沿いでたまに通過する特急「ラビュー・レッドアロー号」は必見！

子どもとおでかけ&
旅行情報Webメディア

るるぶKids

「るるぶ Kids（るるぶキッズ）」は、“子どもとママパパのおでかけや旅行を通して生活をもっと豊かに楽しく”することをコンセプトとした、子育て中のママパパのためのWebメディアです。子どもとママパパの楽しい思い出を一つでも多く増やすために、週末のおでかけや長期休み時の旅行に関する、楽しくて役に立つ情報を配信しています。

POINT 1 毎日更新!

ピッタリのおでかけ先がきっと見つかる

その季節ならではのテーマや旬のスポット情報など、新鮮な記事を、毎日お届けしています。

特に人気があるのは、めいいっぱい身体を動かして遊べる、**アスレチック**や**大きな遊具**などがある公園の記事。ほかにも、めずらしい生き物がみられる**動物園**や**水族館**、**恐竜**の骨格標本がある博物館の情報も充実しています。**昆虫採集**や**星空観察**など、自宅近くで楽しめるハウツー記事も。

POINT 2 楽しいだけじゃない!

子育ての悩みや不安も解消

「るるぶKids」編集部メンバーは**子育て中のママパパ**ばかり！　楽しいことばかりじゃない子連れのおでかけですが、**おでかけ時の不安や悩み**を取り除くための情報も満載です。例えば授乳室の有無やベビーカーの貸し出しについてなど、絶対事前にしりたいですよね。**ニューノーマル**の時代ならではの情報もばっちり！

POINT 3 “会員限定”がたくさん!

るるぶIDの登録で、もっとおトク&便利に♪

『るるぶ』のさまざまなサービス共通で使える「るるぶID」は、もちろん「るるぶKids」でも大活躍！　超おトクな**クーポン情報**付き**メルマガ**や、**豪華プレゼント企画**への応募など、会員ならではの特典が盛りだくさんです。家族向けスポットの**電子チケット**がおトクにかえる「るるぶモール」との連携も便利です。

気になったらチェック!

「るるぶKids」の人気記事♪

運動能力は遺伝ではなく経験！ 8歳までのあそびで運動が得意に

鉄道が大好き！“子鉄”も大満足♪全国の電車・鉄道スポット

外あそび&アウトドアに育脳効果が！脳科学者に聞きました

マンガで紹介人気スポット♪笑って泣ける、子連れ“あるある”

ここからアクセス

まだある♪ JTBパブリッシングのWebメディア&サービス

おでかけをもっとステキに、おでかけをもっと私らしく。
るるぶ&more.

レジャーチケットをおトクに便利に♪
レストラン予約や特産品の販売も
るるぶモール

女子旅、見る、撮る、遊ぶ
「旅とおでかけ」の動画投稿サービス
たびのて

East / 23Cities of Tokyo

運動能力がぐんぐん伸びる！

東京23区
東部の公園

COLUMN

緑豊かな庭園で遊ぼう

清澄庭園／新宿御苑
須藤公園／殿ヶ谷戸公園
向島百花園

錦糸公園《きんしこうえん》

空を見上げるとスカイツリーの姿が
大きく見えるのも喜びポイント！

東京スカイツリー® を横目に ロケットで遊ぼう！

錦糸町駅の4番出口の階段を登るとすぐ目の前に広がる公園。付近には複合商業施設やタワーマンションが充実し、子ども連れのファミリーで常時賑わう。メインで楽しめるのが、白いロケットが空高く伸びる複合遊具。そのほか低年齢向けの複合遊具や砂場など遊具が充実し、幅広い年齢の子どもが楽しめる。駅側のエリア「水と緑と花の広場」には噴水を囲んだ芝生広場が広がり、かけっこやボール遊びなど、自由に遊べる。さらに野球場、体育館(館内にはプール)、テニスコートもあり、地元住民のスポーツ拠点となっている。

遠山式判定

はう・くぐる
のぼる・おりる
はしる
ぶらさがる
とぶ
おす・ひく
のる
そうさする
まわる
ほる
およぐ
わたる

PARK DATA

ボール遊び	△(柔らかいもののみ可)
スケボー	×
花火	△(手持ちのみ可)
ペット	○
おむつ替え	○
授乳室	×
園内売店	×
園内飲食店	×
周辺コンビニ	徒歩2分
周辺ファミレス	徒歩2分

中型公園

所要 2時間

くたくた度 ★★★☆☆

適齢 1〜10歳

【アクセス】
JR錦糸町駅から徒歩3分。または地下鉄錦糸町駅4出口からすぐ

駅内EV ○

☎ 03-5608-6661
(墨田区道路公園課)
住 墨田区錦糸 4-15-1 料 時 休 入園自由
P なし
面積 56,124m²
MAP P188C2

運動能力が伸びる！遊具はコレ

ロケットタワー

ひと際目立つ真っ白のロケット遊具。てっぺんまで登るとスカイツリーに届くかのよう！

ぐるぐる滑り台

ロケットタワーからぐるぐる滑り台でひゅーっと滑る。エンドレスリピート確定！

網トンネル

ロケットタワーへと続く網状のトンネル。いろいろな方法でタワーに登って楽しめる。

ボルダリング

壁にはプチボルダリングもあり、無限に楽しめる。簡単そうに見えて意外と難易度高い！

渡り橋

一人がやっと通れる細い橋を通り、タワーへ登ることもできる。バランス感覚を養って。

ジャングルジム

複合遊具のまわりにも遊具が点在。ユニークな形で、登るだけでなくぶらさがり運動も可。

ふみ台わたり

高齢者優先の健康遊具もちらほら。バランスを取りながら高さの違うステップを渡る。

バネ遊具

低年齢向け複合遊具の近くにあるバネの遊具。上に乗って鉄棒を掴みながらジャンプ！

ブランコ

4つあるので順番がスムーズ。低年齢向け「ちびっこ広場」には、かご型ブランコもある。

Editor's Voice

駅からすぐなので、遠方からでも電車の旅を楽しみつつ訪れましょう！

ココも嬉しい！

立ち寄りSPOT

パン不使用の肉バーガー

shake tree burger&bar《しぇいく つりー ばーがーあんどばー》

看板メニューの「ワイルドアウト」1650円は240gのビーフパティでトマトとオニオン、チェダーチーズ、マヨネーズ、オニオンBBQソースをサンド。

☎03-6658-8771 住墨田区亀沢3-13-6 岩崎ビル1F 交JR錦糸町駅北口から徒歩9分 時11～20時（19時30分LO） 休月曜（祝日の場合は翌日） Pなし

まだある！注目POINT

低年齢向け複合遊具

「ちびっこ広場」に位置する。錦糸公園には対象年齢別の複合遊具が2つあり、小さな子が安心して遊べるのが魅力。

砂場

柵で囲まれた広々とした砂場。奥にはおうち型のキッチンもあり、想像力を育みながら砂遊びができる。

水と緑と花の広場

駅側には芝生広場があり、ボールなどでのびのびと遊べる。周りにはベンチもたくさん。春には桜も楽しめる。

噴水

「水と緑と花の広場」の大きな噴水。入ることはできないが夏場には周囲からミストが放出され、軽い水遊びも可能。

協力：墨田区、すみだフィルムコミッション

猿江恩賜公園《さるえおんしこうえん》

遊び心あふれた 個性的な遊具に挑戦

新大橋通りをはさんだ広大な公園は、日本庭園や野球場がある南園と、芝生広場や遊具広場がある北園に分かれる。開放的な北園のほうが賑わっており、子どもたちのお目当ては冒険広場に集まる遊具。オーソドックスな複合遊具を囲むように、難易度の高い複合遊具や縦に揺れるブランコ、輪の上を歩く回転遊具など個性的な遊具が並んでいる。園内には約5000本の木が植えられ、季節の花が咲く美しい自然が魅力。芝生が敷かれた広場では、鬼ごっこをするもよし、のんびりくつろぐもよし。夏は約300mにわたって水が流され、上流のじゃぶじゃぶ池が賑わう。

遠山式判定

はう・くぐる	のぼる・おりる	はしる
ぶらさがる	とぶ	おす・ひく
のる	そうさする	まわる
ほる	およぐ	わたる

PARK DATA

ボール遊び	△（柔らかいもののみ可）
スケボー	×
花火	×
ペット	○
おむつ替え	○
授乳室	×
園内売店	×
園内飲食店	×
周辺コンビニ	徒歩4分
周辺ファミレス	×

大型公園

所要 3時間

くたくた度 ★★★☆☆

適齢 1～12歳

【アクセス】
地下鉄住吉駅から徒歩2分。またはJR錦糸町駅から徒歩15分

駅内EV ○

☎03-3631-9732

住 江東区住吉2、毛利2 料 時 休 入園自由 P なし

面積 145,088㎡

MAP P189C2

運動能力が伸びる！ 遊具はコレ

複合遊具

滑り台やボルダリング、ネット、リングトンネルなどを組み合わせ、幼児から楽しめる。

複合遊具

ツイストラダーや細い滑り台を備えた高難度遊具。曲面が多くバランスをとる必要がある。

複合遊具

冒険広場にある高難度遊具。いたるところに傾斜があるので平衡感覚と筋力が求められる。

ブランコ

乗馬のようにまたがって縦に揺られるブランコ。腹筋とバランスで落ちないように！

回転遊具

台の上を歩くとクルクル回る平均台。傾斜がついているのでバランスをとるのが難しい。

平均台

木陰にあるS字型の平均台。曲線部分でも落ちないように歩くことで平衡感覚が養われる。

遊具はおもに北園の冒険広場にあり、高難度の遊具も充実

Editor's Voice

北園にはかつての貯木場を再現した池があります。初夏はスイレンがきれい。

ココも嬉しい！

立ち寄りSPOT

地元で愛される銘菓

山田家《やまだや》 本店《ほんてん》

あんこたっぷりのたぬきの人形焼き（130円）は「奥久慈卵」を使用。1個から購入でき、当日はふっくら、1～2日置くとしっとりした味わいの変化が楽しめる。

☎03-3634-5599 住墨田区江東橋3-8-11 交地下鉄住吉駅から徒歩8分。またはＪＲ錦糸町駅南口から徒歩3分 時10～18時 休水曜 P提携駐車場利用

まだある！ 注目POINT

中央広場

時計台が立つ芝生の広場にはバドミントンなどを楽しむ人の姿が。春は広場を囲むソメイヨシノが花を咲かせる。

じゃぶじゃぶ池

夏は北園の東側に水が流され、最上流はじゃぶじゃぶ池として開放される。石材を使った渓流のような雰囲気。

季節の花

春はサクラやチューリップ、夏はバラ、秋はキンモクセイやヒガンバナ、冬はサザンカやツバキなどが公園を彩る。

日本庭園

南園の西側には日本庭園が広がり、2つの池の周りは情緒あふれる雰囲気。水面を泳ぐ水鳥が見られることも。

亀戸中央公園《かめいどちゅうおうこうえん》

広々としたじゃぶじゃぶ池はこどもが夢中になること間違いなし

3つのエリアに遊びスポットが点在

日立製作所の亀戸工場跡地を整備した大型公園。園内は3つの地区からなり、A地区には時計塔を中心とした広場と遊具エリア、B地区にはじゃぶじゃぶ池と芝生広場、C地区にはテニスコートや多目的広場、遊具を備えた児童コーナーがある。特にB地区の全長200mに及ぶ流れのある池は夏場の大人気スポット。水遊びを楽しむ子どもたちの歓声が絶えない。非常時に緊急ヘリポートとなる多目的広場は、普段は野球やサッカーができる子ども専用の広場として重宝されている。冬場は園内全域で栽培されているサザンカが咲き誇り、都内屈指の名所としても知られる。

遠山式判定

はう・くぐる	のぼる・おりる	はしる
ぶらさがる	とぶ	おす・ひく
のる	そうさする	まわる
ほる	およぐ	わたる

PARK DATA

ボール遊び	○
スケボー	×
花火	×
ペット	○
おむつ替え	○
授乳室	×
園内売店	×
園内飲食店	×
周辺コンビニ	徒歩5分
周辺ファミレス	×

大型公園

所要 3 時間

くたくた度 ★★★★★

適齢 1～10歳

【アクセス】
東武線亀戸水神駅から徒歩2分
駅内EV ×(地上駅)

☎03-3636-2558
住江東区亀戸9-37-28 料時休入園自由
Pなし
面積 103,027㎡
MAP P189C2

運動能力が伸びる！ 遊具はコレ

アスレチック遊具

ロープで吊られた足場を、バランスをとりながら渡る。ぐらぐら揺れるスリルがたまらない！

シーソー

やじろべえスタイルのシーソー。スイングが大きいので楽しさが倍増する。

複合遊具

うねりのある滑り台とストレートタイプの滑り台、ネット吊橋を備えた複合遊具。

ブランコ

全身の筋肉を使いスイングするブランコは、平衡感覚を養うのにも優れている。

複合遊具

少し難易度が高い遊具が揃うC地区。小学校高学年でも楽しめる遊具がいっぱい。

砂場

創造力が養われる砂場遊び。スコップなどの道具が常備されているのもうれしい。

スプリング遊具

スプリングで前後左右に動く。慣れてきたら少し勢いをつけて揺れの変化を感じて。

ロッキング遊具

力の弱い幼児でもスイングを楽しめる遊具。揺れの刺激で平衡感覚を身につけて。

ターザンロープ

子どもに人気のターザンロープ。春は満開の桜を愛でながら滑空を楽しめる。

Editor's Voice

授乳室を使いたいときは、園内の亀戸スポーツセンターに問い合わせてみて。

ココも嬉しい！

立ち寄りSPOT

亀のお菓子と伝統工芸品

亀戸梅屋敷《かめいどうめやしき》

江東区の地場産業でもある江戸切子などの伝統工芸品や亀戸のグルメなどを販売する複合商業施設。人気のお土産は亀どら1個190円と亀の子せん1袋124円。

☎03-6802-9550

住江東区亀戸4-18-8 交JR・東武線亀戸駅から徒歩7分 時10〜18時 休月曜日（祝日の場合は翌日） P8台

まだある！ 注目POINT

芝生広場

B地区にある広々とした芝生広場。かけっこをしたり、でんぐり返しをしたり、のびのびと体を動かして。

じゃぶじゃぶ池

芝生広場の隣にあるじゃぶじゃぶ池。都内有数の広さを誇り、夏場のオープンを楽しみにする子どもたちが多数。

サザンカ

約50種、4000本のサザンカが植えられた園内。11〜1月には次々と花が咲き、訪れた人の目を楽しませている。

多目的広場

平日の午前中は保育園児たちの遊び場、休日になるとサッカーや野球を楽しむ子どもたちが集う多目的広場。

大きな観覧車がどこからも見える
園内を、パークトレインが走る

葛西臨海公園《かさいりんかいこうえん》

潮風が吹く芝生の上で、体を動かして遊ぼう！

東京湾に面し、西側には広々とした芝生に子ども用遊具や観覧車、東側に水族園と鳥類園、南側に水遊びができる人工砂浜と、いろいろな過ごし方ができる人気の観光スポット。小さな子ども連れのファミリーであれば、西側エリアでのんびり過ごすのもおすすめ。小さめの遊具が13種類並ぶ「わくわく広場」は、7歳未満の年齢制限があり、鍵付きの囲いもあるので、小さな子どもも安心して遊ばせられる。遊具のまわりはゆるやかな芝生になっていて、年齢問わず元気いっぱいに走り回ったり、レジャーシートを広げてピクニックを楽しむ親子で賑わっている。

遠山式判定

はう・くぐる	のぼる・おりる	はしる
ぶらさがる	とぶ	おす・ひく
のる	そうさする	まわる
ほる	およぐ	わたる

PARK DATA

ボール遊び	○
スケボー	×
花火	×
ペット	○
おむつ替え	○
授乳室	○
園内売店	○
園内飲食店	○
周辺コンビニ	徒歩1分
周辺ファミレス	×

大型公園

所要 3時間

くたくた度 ★★★★★

適齢 2～6歳

【アクセス】
JR葛西臨海公園駅から徒歩1分
駅内EV ○

☎03-5696-1331
住 江戸川区臨海町6
料 時 休 入園自由（一部有料施設あり。葛西臨海水族園、ダイヤと花の大観覧車など園内施設は定休日あり）P あり（2021年9月8日まで利用休止予定）
面積 777,197m^2
MAP P188D3

運動能力が伸びる！ 遊具はコレ

Editor's Voice

広い敷地の公園なので、どこをまわるか事前に計画するのがおすすめ！

スライダー

クジラやマグロなど、海の生物がいたるところに。滑り台デビューにもおすすめ！

ネット遊具

ネットの上でジャンプをしたり、寝転んだりして、バランス感覚と体幹が鍛えられる。

ロッキング遊具

バネの力で前後左右に揺れて、予測不能の動きに子どもも大興奮。

ロッキング遊具

友達と向かい合って座り、前後にゆーらゆら。少しの力でも振り子のように動く。

ロッキンパッピー

前・真ん中・後で乗り心地が少し変わるよ。ぜひ乗り比べてみよう。

パネル遊具

ハンドルを引き下げたり、引き上げたりと、手で動かして操作ができる。

パネル遊具

手で魚を動かしたり、大きなレンズを覗いてみよう。どうしたら魚が動くのか考える力にも。

パークトレイン

園内を走る汽車型の乗り物。３歳以上150円、大人350円。水曜（祝日の場合は翌日）休。

ココも嬉しい！

立ち寄りSPOT

ガラスドームが目印の水族館

葛西臨海水族園《かさいりんかいすいぞくえん》

入口では大きなアカシュモクザメがお出迎え。館内は「大洋の航海者マグロ」「ペンギンの生態」などエリア別に水槽が並んでおり、水中を速く泳ぐマグロは必見。

☎03-3869-5152 住江戸川区臨海町6-2-3 交JR葛西臨海公園駅から徒歩5分 時9時30分～17時（入園は16時まで） 休水曜（祝日の場合は翌日） Pなし（公園駐車場を利用）

まだある！ 注目POINT

展望レストハウス・クリスタルビュー

葛西臨海公園を象徴する海辺の建物。東京湾を楽しめる展望デッキは9～17時、入館は16時30分まで。無休。

パークライフ・カフェ＆レストラン

キッズ用メニューがあるほか授乳室、おむつ交換台も完備。10～17時営業。7月20日～8月31日は10～18時。無休。

水辺

公園が海に面しているのも魅力のひとつ。葛西渚橋を渡って「西なぎさ」へ行けば、夏は水遊びも楽しめる。

噴水

葛西臨海公園駅を降りてすぐの場所にある噴水広場。観覧車もよく見える、人気のフォトスポット。

写真提供：公益財団法人東京都公園協会

新田《しんでん》さくら公園《こうえん》

遠山式判定

はう・くぐる
のぼる・おりる
はしる
ぶらさがる
とぶ
おす・ひく
のる
そうさする
まわる
ほる
およぐ・もぐる・うく
わたる

大型遊具で遊んだら、芝生広場でのんびり

隅田川と荒川に狭まれたハートアイランドに位置する大型公園。大半を青々とした芝生の広場が占め、近隣の保育園児たちのお散歩コースになっている。西側には遊具広場と、夏季限定のじゃぶじゃぶ池を配備する。遊具広場のなかで一番人気は巨大な複合遊具。単純な階段の上り下りにとどまらず、滑り台やリングトンネル、はしごやうんていなど、子どものやる気をくすぐる仕掛けがいっぱい。一部は低めの造りなので、大人が補助すれば未就学児でも問題なく楽しめる。さらにローラー滑り台も主役級のおもしろさ。高低差は緩やかだが、滑りごたえのある長さだ。

PARK DATA

ボール遊び	○（柔らかいもの）
スケボー	×
花火	×
ペット	○
おむつ替え	○
授乳室	×
園内売店	×
園内飲食店	×
周辺コンビニ	徒歩2分
周辺ファミレス	徒歩3分

大型公園

所要 3時間

くたくた度 ★★★☆☆

適齢 3～10歳

【アクセス】
JR・地下鉄・東武・つくばエクスプレス北千住駅、JR・地下鉄王子駅、JR赤羽駅からバスで、バス停ハートアイランド西下車、徒歩1分

駅内EV ○

☎03-3880-5845
（足立区公園管理課南部公園係）
住 足立区新田3-34-1
料 時 休 入園自由
P 有料18台
面積 25,000m^2
MAP P189B1

Editor's Voice

全体的に大きな樹木が少なく、木陰が狭いので熱中症に注意！

運動能力が伸びる！ 遊具はコレ

複合遊具

対象年齢は6〜12歳。ルートが複雑に入り組むため、コース取りを考える力やバランス感覚も養われる。

まるで要塞のような存在感！ かくれんぼや鬼ごっこも楽しい

ローラー滑り台

土手の傾斜を上手に活用。全長は21mほど。3〜12歳対象だが、未就学児は付き添い推奨。

恐竜の遊具

身体はジャングルジムで尻尾はうんてい。自由に上ったり、ぶらさがったりしてみよう。

砂場

柵に囲われた直径5m程度の半円形。午前中は木陰に入るため、集中して遊んでいても安心。

滑り台

3〜6歳向け。階段の幅が広く、低めに設計されているので、ひとりで安全に滑れる。

ココも嬉しい！

立ち寄りSPOT

工場直営の激安スイーツ

ドンレミーアウトレット《どんれみーあうとれっと》 北千住店《きたせんじゅてん》

スーパーやコンビニ向けのデザートを作る工場直営のアウトレット店。生産過程で出るスイーツの切れ端などを安く購入できる。

☎03-5284-1158
住足立区千住3-40-2 ホテルココ・グラン北千住1F
交ＪＲ・地下鉄北千住駅から徒歩2分
時11〜21時 LO 休無休 Pなし

まだある！ 注目POINT

芝生広場

面積は約16,000㎡と区内最大級。ペット不可なので、小さな子どもが安心して遊べる。柔らかなボールは使用可能。

じゃぶじゃぶ池

おむつのとれた未就学児が対象の水遊び場。水着必須で遊び用おむつは不可。開設期間は足立区ウェブサイト参照。

隅田川

新豊橋のたもとから川辺のテラスへ下りられる階段がある。スロープも整備されているのでベビーカーでもOK。

バラ花壇

約640㎡を占める花壇一面を約1,700株のバラが彩る。見ごろは春と秋で、園内に心地よい香りが漂う。

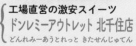

水元公園《みずもとこうえん》

豊かな自然に触れ、五感を使って遊ぼう！

東京23区内で最大規模の面積を誇る水郷公園。広大な園内はA～Cブロックに分かれ、遊水池の小合溜《こあいだめ》に沿うように、冒険広場やはなしょうぶ園など、さまざまな施設が点在。1・2歳は芝生の上で、3～8歳は遊具で体を動かしたり、園内を走り回ったりと年齢に応じて、さまざまな楽しみ方ができる。生き物や植物の観察もできるので、小学校高学年の子どもにもおすすめ。園内の樹木について書かれた「みどりのマップ」の立て看板や解説ボードもあるので、こちらもチェックしてみよう。ベンチも多く、弁当を持って半日ゆっくり過ごすのもおすすめ。

遠山式判定

はう・くぐる
のぼる・おりる
はしる
ぶらさがる
とぶ
おす・ひく
のる
そうさする
まわる
ほる
およぐ もぐる・うく
わたる

PARK DATA

ボール遊び	○
スケボー	×
花火	×
ペット	○
おむつ替え	○
授乳室	○
園内売店	○
園内飲食店	○
周辺コンビニ	徒歩10分
周辺ファミレス	徒歩10分

大型公園

所要 3時間

くたくた度 ★★★☆☆

適齢 1～10歳

【アクセス】
JR・地下鉄金町駅から京成バス大場川水門または西水元三丁目行きで5分、バス停水元公園下車、徒歩7分

駅内EV ○

☎03-3607-8321
（水元公園サービスセンター）

住 葛飾区水元公園
料 時 休 入園自由
P 311台（最初1時間200円、以後30分ごと100円）

面積 964,000m^2

MAP P188D1

運動能力が伸びる！ 遊具はコレ

複合遊具

うんてい、すべり台などを組み合わせた遊具は、上る・つかむ・すべるといった行動で運動能力＆バランス感覚が向上。

スプリング遊具

カラフルで愛らしい表情の動物や鳥が並ぶ。持ち手をしっかり握って、揺らして遊ぼう。

すべり台

複合遊具のすべり台のほか、丘の上に大きめのすべり台が3台あり、存分に楽しめる。

せせらぎ広場

広場を背景にした人造のせせらぎは、浅瀬なので安心。着替えを忘れずに持って行こう。

中央広場

芝生が広がる大きな広場は走り回ったり、ボール遊びをしたり、思いっきり体を動かせる。

鳥のさえずりに耳を澄ませ、景色を眺めているだけで癒やされる

Editor's Voice

園内の食事処「涼亭」ではうどんやそばを提供。おにぎりや甘味も販売しています。

まだある！ 注目POINT

紅葉

メタセコイア（写真）がレンガ色に染まり、紅葉の名所としても名高い。他にもイチョウ、ポプラなどの木々が色づく。

桜

ヤマザクラなどの桜が約760本点在。公園沿いの遊歩道（水元さくら堤）には約580本のソメイヨシノが咲き誇る。

野鳥

園内のバードサンクチュアリでは一年中、野鳥を観察できる。5・10月の渡りの季節はバードウォッチャーでにぎわう。

はなしょうぶ園

葛飾区の花である花菖蒲。6月上～中旬、約100種1万4000株が見頃に。水郷の景観と共に可憐な花々を観賞できる。

橋

はなしょうぶ園と噴水広場をつなぐ水元大橋。ウォーキングや散歩を楽しんでいる人も多く、橋上からの景色も見事。

水生植物

水辺に強い植物が生育しており、5～10月に黄色の花が咲くアサザ（写真）、スイレン池や小合溜ではスイレンが水面を彩る。

シンボルの風車は多目的広場の外灯などの電気も供給している

若洲公園《わかすこうえん》

巨大風車の立つ広場でのびのび遊ぼう

日本最大級といわれる白亜の巨大な風車が目を引く公園。一面が芝生になった多目的広場には、複合遊具をはじめ、ターザンロープやタイコ橋、丸太渡りなど、多彩な遊具が勢揃い。難易度が高めのアスレチック遊具が多めだが、幼児向けの滑り台やロッキング遊具もある。さらに広々とした芝生ではバドミントンやフリスビーなどで自由に遊ぶことができるほか、お弁当を持参してピクニックをするのもおすすめ。また園内には幼児が自転車に親しめるサイクル広場や、自然の中を走れるサイクリングロードも整備。緑豊かな園内で、のびのび遊べるのが魅力だ。

遠山式判定

はう・くぐる　のぼる・おりる　はしる
ぶらさがる　とぶ　おす・ひく
のる　そうさする　まわる
ほる　およぐ　わたる

PARK DATA

ボール遊び	△（柔らかいもののみ可）
スケボー	×
花火	×
ペット	○
おむつ替え	○
授乳室	×
園内売店	○
園内飲食店	×
周辺コンビニ	×
周辺ファミレス	×

児童公園

所要 2時間

くたくた度 ★★★★★

適齢 3〜10歳

【アクセス】
JR・りんかい線・地下鉄新木場駅からバスで、バス停若洲キャンプ場前下車、徒歩1分

駅内EV ○

☎03-5569-6701
（若洲公園キャンプ場）

住江東区若洲3-2-1

料時休入園自由（サービスセンター・キャンプ場・サイクルセンターは火曜休）

P約490台（1日1回500円）

面積 87,000m^2

MAP P189C3

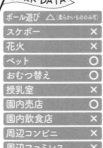

運動能力が伸びる！ 遊具はコレ

Editor's Voice

バス利用の場合、日中の運行本数が少ないので、時刻の事前確認は必須です！

丸太渡り

ロープで固定した高さの違う丸太の上を渡っていく。揺れるのでロープを握る力が必要。

複合遊具

幅が広めの滑り台、うんてい、吊り輪、リングトンネルが一緒に。滑り台は傾斜がきつめ。

鉄棒

高さは3種類がある。幼児から小学生まで習得度合いで練習できそう。

タイコ橋

クジラがモチーフで、丸太の上を進んでいく。難易度が高く小学生向け。

トンネル滑り台

トンネルタイプで途中に透明な窓が付く。ウォールクライミングやロープで上へ。

ロッキング遊具

イルカ、シャチ、クジラなど海の生き物がモチーフ。1人乗りのほか3人乗り用もある。

ネット遊具

ネットを上ったり、ゴロゴロしたりして遊べる。それほど高くなく、ネットも太め。

ターザンロープ

広々とした芝生スペースに設置され、緑の中を滑走するので気分爽快。

吊り橋

上り下りがある丸太の橋を渡る。意外と揺れるのでバランスをとりながら進もう。

象形遊具

黄色のワニは大きく開いた口や尾っぽから中に入ったり、通り抜けしたりできる。

まだある！ 注目POINT

サイクル広場

「アニマルサイクル」などかわいい自転車で広場を走り回る。料20分300円～

©東京港埠頭㈱

キャンプ場

日帰りバーベキューなどが可能。機材のレンタル、食材や燃料の販売も。※2021年6月現在休止中　©東京港埠頭㈱

サイクリングロード

全長約6kmで若洲海浜公園(→P83)とつながる。自転車は持込みのほか、レンタサイクルも用意されている。

江東区若洲風力発電施設

多目的広場の一角に立つ高さ100m、羽の直径80mの風車。年間350万kWもの電力を発電しているという。

総合レクリエーション公園《そうごうれくりえーしょんこうえん》

思いっきりはしゃげる運動遊びの開放区

西葛西駅近くから旧江戸川方面へ東西約３kmに広がる総合公園。スポーツ広場や野球場など、思いっきり体を動かせる遊び場が連なっている。乳幼児連れには駅から近い「子供の広場」や「新田の森公園」での森林浴、ランチは「虹の広場」の屋根付きテーブルがおすすめ。夏場のイチオシは「虹の広場」での水遊び。半球型の噴水を上り下りしたり、滝のように水が流れる「壁泉」で水鉄砲やビーチボールが楽しめる。「富士公園」には木や石で造られたさまざまなアスレチックがいっぱい。敷地がとにかく広いので、水分補給や休憩をしながらしっかり遊ぼう。

遠山式判定

はう・くぐる
のぼる・おりる
はしる
ぶらさがる
とぶ
おす・ひく
のる
そうさする
まわる
ほる
およぐ
わたる

PARK DATA

ボール遊び	○
スケボー	×
花火	×
ペット	○
おむつ替え	○
授乳室	×
園内売店	×
園内飲食店	×
周辺コンビニ	徒歩3分
周辺ファミレス	徒歩3分

大型公園

所要 4時間

くたくた度 ★★★★★

適齢 0〜10歳

【アクセス】

子供の広場：地下鉄西葛西駅から徒歩3分
富士公園：地下鉄葛西駅からバスで10分

駅内EV ○

☎03-3675-5030（富士公園サービスセンター）住江戸川区西葛西6-11から南葛西7-3
料時休入園自由（ポニー乗馬は10時〜11時30分、13〜15時。月曜休）P富士公園69台、なぎさ公園43台（最初の1時間200円、以降1時間100円）
面積 215,549㎡
MAP P188D3

運動能力が伸びる！ 遊具はコレ

坂道ロープ

ロープをたよりに丸太の山を乗り越えよう。足を滑らせないよう注意！（富士公園）

坂道ネット

ネットのクライミングに挑戦。裏側をクモのように移動するのも楽しい。（富士公園）

丸太の平均台

丸太の上を渡るほか、くぐったりまたいだり、ジグザグに進んでみても。（富士公園）

ロープつりばし

片側に体重をのせると、ぐらりと傾いてスリリング！ ぶら下がり移動も◎（富士公園）

石の滑り台

階段以外のルートから石の山を登れば、気分はロッククライマー!?（富士公園）

傾斜板

板から板へジャンプしたり、ダッシュで駆け上がって丸太にタッチ！（富士公園）

わんぱくキッズの冒険心をくすぐる遊具が多い、富士公園

Editor's Voice

大人数で球技や運動遊びができる公園は、とても貴重です！ コンビニは「総合レクリエーション公園前」バス停付近

ココも嬉しい！

立ち寄りSPOT

本場インドの家庭の味

スパイスマジック《すぱいすまじっく》
カルカッタ《かるかった》 南口店《みなみぐちてん》

化学調味料を一切使用せず作られるスープやチャツネはすべて南インドスタイル。料理はベジタリアン＆ヴィーガンにも対応。

☎03-3688-4817 住江戸川区西葛西6-24-5第2コースタルビル201 交東京メトロ西葛西駅から徒歩5分 時11時～14時30分、17時～21時30分LO 休月曜 Pなし

まだある！ 注目POINT

なぎさポニーランド

ポニー乗馬は小学６年生以下が対象（無料）。状況により閉園の場合あり。事前に要電話確認。

恐竜

子供の広場には大きな恐竜のオブジェが。そのうち一つは滑り台になっている恐竜好きに大人気のスポット。

虹の広場

まるでナイアガラの滝！ 全長約50mの壁泉で流れ落ちる水を浴びよう。広場中央の噴水でも水遊びが楽しめる。

パノラマシャトル

なぎさ公園・富士公園・フラワーガーデンを1時間に1本の間隔で結ぶ園内バス（1日券大人200円、子ども100円）。

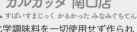

上野恩賜公園《うえのおんしこうえん》

見どころが豊富な都心の文化スポット

上野駅前に広がる上野恩賜公園は、1873年に開園した日本を代表する都市公園。50万㎡を超える敷地に美術館や博物館、動物園などが点在し、東京の文化・観光の拠点として多くの人で賑わう。遊具は動物園通りをはさんだ東西にあり、東側は東京都美術館の向かいの林の中に複合遊具やロッキング遊具などが並ぶ。西側は不忍池沿いに滑り台やブランコなどが揃っている。幼児向けの小さな遊具が多いので、園内散策の途中に寄るのがおすすめ。上野動物園や国立科学博物館など人気の施設と組み合わせて訪れるのもよい。不忍池では親子でボートに乗ることができる。

遠山式判定

はう・くぐる
のぼる・おりる
はしる
ぶらさがる
とぶ
おす・ひく
のる
そうさする
まわる
ほる
およぐ
わたる

PARK DATA

ボール遊び	×
スケボー	×
花火	×
ペット	○
おむつ替え	○
授乳室	○
園内売店	○
園内飲食店	○
周辺コンビニ	徒歩2分
周辺ファミレス	×

大型公園

所要 3時間

くたくた度 ★★★★★

適齢 1～12歳

【アクセス】
JR・地下鉄上野駅から徒歩2分または京成線京成上野駅から徒歩1分

駅内EV ○

☎03-3828-5644

住台東区上野公園、池之端3 料入園無料（一部有料） 時5～23時 休無休 Pなし

面積 538,507㎡

MAP P189C2

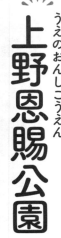

Editor's Voice

とても広い公園なので、最初に地図で行先を確認しておくと安心です。

運動能力が伸びる！ 遊具はコレ

複合遊具

滑り台のほかアスレチックネットやボルダリングなどが備わる。小ハンモックがかわいい。

ロッキング遊具

体重移動で前後にスイングするロッキング遊具は、ひとり乗りとふたり乗りが揃っている。

回転遊具

遠心力を利用するとくるくる回る遊具。3種類あり、2～3人で乗れる大きなタイプも。

滑り台

シンプルな滑り台。不忍池に面しているので、上に立つと蓮が連なる池がきれいに見える。

ブランコ

不忍池を見ながら遊べる2連のブランコ。チェーンが短くあまり高く上がらないので安心。

スプリング遊具

上野公園らしいパンダの遊具。近くにはライオンやカバ、ゾウのロッキング遊具がある。

正門に面した大噴水は季節の花に囲まれた来園者の憩いの場

ココも嬉しい！

立ち寄りSPOT

噴水がみえるテラスでランチ

上野の森 PARK SIDE CAFE《うえののもり ぱーくさいどかふぇ》

たっぷりの野菜を使ったメニューが自慢。人気は季節で内容が変わるプレート。契約農家のハーブが香るハーブティーをテラスで。

☎03-5815-8251 住台東区上野公園8-4 交JR上野駅公園口から徒歩3分 時10～21時（フードLO20時、ドリンクLO20時30分）※休日9時～ 休無休 Pなし

まだある！ 注目POINT

恩賜上野動物園

約350種3000点の動物を飼育する都市型動物園。小動物と触れ合えるプログラムも。時9時30分～17時 休月曜

国立科学博物館

標本や化石などの資料から地球環境や科学技術のあり方を学べる施設。
時9～17時（金・土曜は～20時） 休月曜

上野大仏

1631年に建立され罹災のたびに再建された。現在は顔だけが残され合格祈願に訪れる参拝者が。時拝観10～16時

不忍池

スカイツリーを望む池では、オール式とペダル式のボートを30分からレンタルできる。時間は季節により異なる。

大横川親水公園《おおよこがわしんすいこうえん》

散歩をしたり、水の上を渡ったり。楽しさ無限のじゃぶじゃぶ水路

岩登りに飛び石を渡る じゃぶじゃぶ水路探検

大横川の一部を埋め立てて造られた公園で、アクセス良好。園内は南北に細長く、5つのエリアに分かれる。子ども連れに人気なのは「河童川原ゾーン」。じゃぶじゃぶ水路は、ゆるやかな傾斜のなかにごつごつした岩場や細い石橋、中洲などがあり、河原のような変化に富んだ水遊びができる。長い水路には浅瀬もあり、1〜2歳の子どもが足を浸しても◎。隣り合ったちびっこ広場には、ローラー滑り台や複合遊具など、子どもの冒険心をくすぐる遊具がいっぱい！　季節を問わず、ダイナミックな外遊びが満喫できる。釣川原ゾーンには釣り堀もある。

遠山式判定

はう・くぐる
のぼる・おりる
はしる
ぶらさがる
とぶ
おす・ひく
のる
そうさする
まわる
ほる
およぐ・もぐる・うく
わたる

PARK DATA

ボール遊び	△（柔らかいもののみ可）
スケボー	×
花火	△（手持ちのみ可）
ペット	○
おむつ替え	○
授乳室	×
園内売店	×
園内飲食店	×
周辺コンビニ	河童川原ゾーン徒歩5分
周辺ファミレス	釣川原ゾーン徒歩3分

児童公園

所要 3時間

くたくた度 ★★★★★

適齢 0〜10歳

【アクセス】
東武線とうきょうスカイツリー駅または地下鉄本所吾妻橋駅から各徒歩5分

駅内EV ○

☎03-5608-6661
住墨田区吾妻橋3、業平1ほか 料時休入園自由（魚釣り場9〜17時、一部園路9時30分〜17時）
休無休 Pなし

面積 63,973m^2

MAP P189C2

運動能力が伸びる！ 遊具はコレ

Editor's Voice

じゃぶじゃぶ水路は裸足禁止！ 夏はサンダルを忘れずに。

ローラー滑り台

途中から手すりがなく、ちょっぴりスリリング。ドキドキ感がクセになる！

複合遊具

丸太の坂かロープネットか。登るのに苦労した分、滑り降りるのも楽しい。

スプリング遊具

ぴょんぴょん跳ねると、イルカに乗っている気分を味わえるかも。

ロッキング遊具

友達と一緒にゆ～らゆら！ 心地よい揺れと軽快なリズムを楽しもう。

カーブのローラー滑り台

大きなカーブと長い直線は迫力満点！ 風を切って滑る爽快感がたまらない。

滑り台

滑り降りた後にしっかり止まる工夫が。小さな子どもが安全に楽しめる。

低年齢向け複合遊具

おうち型がかわいい！ カーブした滑り台やデコボコ壁登りに挑戦しよう。

砂場

ひょうたん型の比較的大きな砂場。周りに柵があり低年齢の子どもも安心。

ボルダリング坂

石をホールドにしてよじ上り、頂上を目指す！ 友だちとの競争も楽しそう。

ココも嬉しい！

【立ち寄りSPOT】

注目のバナナスイーツ専門店

BANANA FACTORY《ばななふぁくとりー》

フィリピン産高地栽培バナナを独自の製法で熟成、加工。自然な甘さと香りを引き出し、バナナケーキやバナナジュース、バナナソフトクリームを販売している。

☎03-6240-4163
【住】墨田区向島3-34-17 大橋ビル1F
【交】東武線とうきょうスカイツリー駅から徒歩3分 【時】11～19時 【休】火・水曜 【P】なし

まだある！ 注目POINT

紅葉渓谷

渓谷を思わせる水路と散策路。でこぼこ道や石の階段を歩けば、森の中を探検しているよう！

万華池

トンボやヤゴなどさまざまな植物・生き物が生息するビオトープ。のぞいて観察してみよう。

芝生広場

釣川原ゾーンにある広場は、芝生も柔らかでよちよち歩きの子どものお散歩にぴったり。

花の広場

色とりどりの花が咲く、打ち上げ花火をイメージした大きな花壇。ベンチもあり、休憩に最適。

取材協力：墨田区／すみだフィルムコミッション

豊洲公園《とよすこうえん》

どれにしようかな？　幅広い
年齢層向けの遊具がいっぱい

海を眺めつつ、個性的な遊具で遊ぼう

東京湾のウォーターフロントに位置する絶好のロケーションが自慢。幼児用のブランコやおうちのある砂場も揃い、未就学児たちも安心して遊べる。ぐるぐる回して遊園地気分を味わえる「スーパーノバ」や個性的な「ギャラクシー遊具」など、個性豊かな遊具があるのも特徴的。遊具周辺の足元は幼児でも安心なクッション材入りなのも嬉しい。芝生広場では、ボール遊びや木陰でピクニックをする親子も多く、のびのびと過ごせる雰囲気だ。大型商業施設「アーバンドック ららぽーと豊洲」が隣接しているため、公園帰りに食事やショッピングもできて便利。

遠山式判定

はう・くぐる	のぼる・おりる	はしる
ぶらさがる	とぶ	おす・ひく
のる	そうさする	まわる
ほる	およぐ・もぐる・うく	わたる

PARK DATA

ボール遊び	○
スケボー	×
花火	△（手持ちのみ可）
ペット（ノーリード禁止）	○
おむつ替え	○
授乳室	×
園内売店	×
園内飲食店	×
周辺コンビニ	徒歩5分
周辺ファミレス	徒歩4分

児童公園

所要 2時間

くたくた度 ★★★★★

適齢 2～12歳

【アクセス】
地下鉄、新交通ゆりかもめ豊洲駅から徒歩5分

駅内EV ○

☎03-3520-8819
（豊洲ぐるりパークセンター）

住 江東区豊洲2-3-6

料 時 休 入園自由

P なし

面積 24,300m²

MAP P189C3

運動能力が伸びる！ 遊具はコレ

ギャラクシー遊具

平均台や上り棒、うんていなどいろいろな要素が凝縮！ タイヤやロープを上手く使って、高いとこまで上ったり、端から端まで行けるかな？

石山

身長より高い小山に挑もう。素足で登ったり、滑り降りたり、頂上をめざして脚力UP。

スーパーノバ

仲間を乗せて、ぐるぐる回転させてみよう！　上を歩けばバランス感覚も鍛えられそう。

幼児用ブランコ

小さな子どもでも安心して乗れるガード付き。スピード感や漕ぐ感覚を身につけよう。

幼児用滑り台

船の形をした滑り台。ロープはしご、ボルダリングの2種類の登り方に挑戦しよう。

スプリング遊具

イルカ、ゾウ、船など、形も色もさまざま。2人乗りもある。揺れながら体幹を強化！

砂場

屋根付きだから暑い日でも安心。掘ったり、運んだりする動作で筋力も鍛えられそう。

じゃぶじゃぶ池

7月1日～9月第2週の日曜の10～16時に開放。低学年以下対象。休みは要問合せ。

Editor's Voice

毎月第4土・日曜は「豊洲スタイルマーケット」を開催。盛り上がります！

ココも嬉しい！

【立ち寄りSPOT】

果物たっぷりのクレープを
フタバフルーツパーラー アーバンドック ららぽーと豊洲店

ふたばふるーつぱーらー あーばんどっく ららぽーととよすてん

中野の老舗果実店「フタバフルーツ」による旬の果物が楽しめるクレープショップ。バナナジュースやクリームソーダなど、ドリンクも充実。

☎03-3520-9252 住江東区豊洲2-4-9 アーバンドックららぽーと豊洲1F 交地下鉄・ゆりかもめ線豊洲駅から徒歩5分 時11～20時 休アーバンドックららぽーと豊洲に準ずる Ⓟ有料あり

まだある！ 注目POINT

芝生広場

ボール遊びや追いかけっこをする中高生の姿が目立つ、広々としたエリア。木陰でピクニックをする親子も多い。

花木（かぼく）のモニュメント広場

海を目の前にベンチが点在。ここで「ららぽーと豊洲」のテイクアウトフードを食べるのも気持ちが良い。

四季折々の花

地域の人と公園スタッフが花壇づくりに力を入れている。年間を通して四季折々の花を楽しむことができる。

誰でもトイレ

おむつ替えシート、子ども用踏み台、男児用小便器なども設置。乳幼児のママも安心して利用できる。

隅田公園《すみだこうえん》

隅田川の両岸に約1kmにわたって公園が延びる。春は桜並木が見事

江戸情緒がただよう リバーサイドパーク

隅田川をはさんで墨田区と台東区に広がる公園。東の墨田区側は江戸時代に水戸藩の下屋敷があった場所で、遺構を利用した美しい日本庭園は散策にぴったり。隣接する寺社への参拝客が多いほか、晴れた日はそよ風広場の芝生でくつろぐ人の姿も。遊具は児童コーナーにあり、滑り台やブランコ、砂場などが揃う。西の台東区側は隅田川越しに東京スカイツリー® を見上げる眺望のよさが魅力。丸太を使ったアスレチック遊具やクジラ型の滑り台などで遊べる。2020年、鉄道橋梁の横に歩道橋の「すみだリバーウォーク」がオープンし、両岸の行き来が楽しくなった。

遠山式判定

はう・くぐる
のぼる・おりる
はしる
ぶらさがる
とぶ
おす・ひく
のる
そうさする
まわる
ほる
わたる

PARK DATA

ボール遊び	△（柔らかいもののみ可）
スケボー	×
花火	△（手持ちのみ可） ※墨田区のみ
ペット	○
おむつ替え	○
授乳室	○
園内売店	×
園内飲食店	○
周辺コンビニ	徒歩2分
周辺ファミレス	×

大型公園

所要 3時間

くたくた度 ★★★☆☆

適齢 1〜12歳

【アクセス】
東武線・地下鉄浅草駅から徒歩3〜5分
駅内EV ○

☎03-5608-6661（墨田区道路公園課）、03-5246-1111（台東区都市づくり部公園課） 住 墨田区向島1・2・5、台東区花川戸1・2
料時休 入園自由
P20台（30分無料、以後30分100円）

面積
80,947㎡（墨田区）
107,155㎡（台東区）

MAP P189C2

運動能力が伸びる！ 遊具はコレ

複合遊具

大小の滑り台をデッキやネットでつないでいる。滑り台は小さいので幼児向け。（墨田区）

ブランコ

2連のブランコ。座部の高さは同じだがチェーンの長さが異なる珍しい造り。（墨田区）

スプリング遊具

バネの弾力で前後左右に揺れる。モチーフは新旧の乗り物を代表する馬とバイク。（墨田区）

広場

鬼ごっこにぴったりな広場。球技は禁止だが奥にボール遊びができる広場もある。（墨田区）

アスレチック遊具

丸太を使った平均台やラダーなどが連なる。やや難易度が高いので小学生向け。（台東区）

滑り台

クジラ形の滑り台は公園のシンボル。幅が広いので親子で一緒に滑っても◎。（台東区）

複合遊具

小さな滑り台とうんていを組み合わせた遊具。船をモチーフにしたデザイン。（台東区）

鉄棒

大きい鉄棒は大人サイズなので、幼児〜小学生は小さい2つの鉄棒を使おう。（台東区）

砂場

柵に囲まれて安心の砂場。日差しが強い夏は木陰で遊べるのがうれしい。（台東区）

Editor's Voice

お台場や浜松町などから、水上バスに乗ってアクセスしても楽しいです！

ココも嬉しい！

立ち寄りSPOT

あわぜんざい発祥の店

梅園《うめその》

浅草寺の別院・梅園院の一角で開いた茶屋が起源の老舗。餅きびとこし餡をあわせたあわぜんざいはこの店発祥だ。あんみつなど種類豊富な甘味はテイクアウトもできる。

☎03-3841-7580

住台東区浅草1-31-12 交地下鉄浅草駅1番出口から徒歩3分 時10〜20時 休月2回水曜不定休 Pなし

まだある！ 注目POINT

日本庭園

墨田区側の日本庭園は水戸藩の下屋敷、小梅邸の遺構を活用したもの。池を中心に木々が茂る優美なたたずまい。

釣り堀

墨田区側にある、ひょうたん型の釣り堀。おもにヘラブナを狙う。道具と餌は自分で用意するが1回30円と格安。

スカイツリービュー

台東区側の公園からは、隅田川越しのスカイツリーが見られる。リバーサイドには展望スポットも用意されている。

すみだリバーウォーク

墨田区と台東区を結ぶ隅田川橋梁沿いの歩道橋。橋梁を走る東武スカイツリーラインの車両を見ながら歩ける。

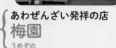

東綾瀬公園《ひがしあやせこうえん》

小川に囲まれた冒険コーナー。
秘密基地気分で遊んでみよう

ユニークな遊具や歩道橋 水辺の散策も！

綾瀬駅前から続くアクセス抜群な公園。大小の遊び場が繋がったようなU字型の形状で、全長は約2km。豊かな緑と、コイの泳ぐせせらぎがあり、ゆったりと散策しながら自然に親しむことができる。敷地内には歩道橋が3カ所あり、上り下りして足腰を鍛えたり、橋の上から景色を眺めるのも気持ちがいい。ナイター設備のある野球場やテニスコート、温水プールなど、スポーツ施設も充実。遊具は点在しており、せせらぎをまたぐ「冒険コーナー」や幼児向けの「わくわく広場」のほか、遊びながら非常時の心得を学べる防災遊具といった珍しいものも。

遠山式判定

はう・くぐる
のぼる・おりる
はしる
ぶらさがる
とぶ
おす・ひく
のる
そうさする
まわる
ほる
およぐ・もぐる・うく
わたる

PARK DATA

ボール遊び	○
スケボー	×
花火	×
ペット	○
おむつ替え	○
授乳室	×
園内売店	×
園内飲食店	×
周辺コンビニ	徒歩1分
周辺ファミレス	徒歩2分

児童公園

所要 2時間

くたくた度 ★★★☆☆

適齢 4～6歳

【アクセス】
JR・地下鉄綾瀬駅から徒歩1分

駅内EV ○

☎03-3605-0005
住 足立区東綾瀬3-4
料 時 休 入園自由
P 有料107台
面積 158,969m²
MAP P189C1

運動能力が伸びる！ 遊具はコレ

複合遊具

せせらぎをまたぐ基地のような遊具。鬼ごっこやかくれんぼの舞台としても楽しめそう。

橋

傾斜部分をボルダリングのようによじ登れる。よく見ると突起はかわいい動物の形。

じゃぶじゃぶ池

例年、7月中旬から9月上旬まで開放。そばにある藤棚の休憩所は絶好の見守り場に。

防災遊具

「地震が起きたら机の下に」など災害時の心得が書かれており、遊びながら学べる。

複合遊具

幼児向けの小さめサイズ。よじ上ったり、ぶら下がったり、いろいろ遊べる。

鉄棒

低めから高めまで5段階の高さが揃う。まずは低いものから徐々にステップアップ！

砂場

7歳未満対象。ゆったりできる充分な広さ。ドームでの遊びを考えるのも楽しい。

スプリング遊具

柵に囲われた「わくわく広場」に設置されているのは計5台。すべて違うモチーフ。

複合遊具

積み木のような色合いがかわいい。滑り台やはしご、飛び石など工夫がいっぱい。

Editor's Voice

トイレや水道が多く設置されているので、長時間の散策も安心して楽しめます！

ココも嬉しい！

立ち寄りSPOT

牛乳屋さんのパン＆スイーツ

牛乳食パン専門店 みるく《ぎゅうにゅうしょくぱんせんもんてん みるく》

老舗牛乳屋さんが手掛ける食パン専門店。水を一切使わず、牛乳100％で仕上げた食パンはミルク感たっぷり。牛乳瓶入りのレトロなみるくプリンも手みやげに◎。

☎03-5613-5550
住足立区佐野2-7-1
交地下鉄北綾瀬駅から徒歩20分
時10～18時 休水曜 P3台

まだある！ 注目POINT

せせらぎ

もともとは農業用水で、この場所がかつて水田だった名残。ニシキゴイやカモなど、さまざまな生きものに出合える。

東京武道館

公園の一角に併設されている、斬新なデザインの武道館。各種武道の全国大会などが行われている。

日時計

公園の東南端にある、日時計モニュメント。太陽と時間の関係を親子で学ぶいいきっかけに。

電車ビュー

公園を南北に横切るのは千代田線北綾瀬支線。サービスセンター近くの三枚田橋上から望むことができる。

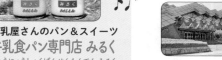

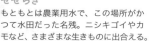

尾久の原公園《おぐのはらこうえん》

トンボの生育地あり！昆虫観察も楽しもう

荒川区の木である桜（枝垂れ桜）が約170本植栽され、春は花見スポットとして地元の人々に親しまれている。はらっぱや広場では、凧あげやボール遊びなどをすることができ、夏はじゃぶじゃぶ池が子どもたちに大人気。池や水辺は、生物生育環境の創出を図ることを目的に整備。通称“トンボ池”はその名の通り、トンボの生息地となっており、春～秋にはさまざまな種類のトンボを観察できる。管理事務所（サービスセンター）の前では、その時期に見られる虫や鳥をまとめた「生き物探そうシート」を配布しているので、もらってから園内をめぐるのもおすすめ。

遠山式判定

はう・くぐる
のぼる・おりる
はしる
ぶらさがる
とぶ
おす・ひく
のる
そうさする
まわる
ほる
およぐ・もぐる・うく
わたる

PARK DATA

ボール遊び	○
スケボー	×
花火	×
ペット	○
おむつ替え	○
授乳室	×
園内売店	×
園内飲食店	×
周辺コンビニ	徒歩1分
周辺ファミレス	徒歩7分

大型公園

所要 2時間

くたくた度 ★★★★★

適齢 3～8歳

【アクセス】
都電熊野前駅から徒歩8分。またはJRほか北千住駅から都営バス駒込病院前行きで15分、バス停東尾久六丁目から徒歩すぐ

駅内EV ○

☎03-3819-8838
（屋久の原公園サービスセンター）

住 荒川区東尾久
料 時 休 入園自由
P 周辺駐車場を利用

面積 61,841m²

MAP P189C1

運動能力が伸びる！ 遊具はコレ

Editor's Voice

環境保全のため、園内でとった虫は観察したら逃がしてあげましょう。

じゃぶじゃぶ池

7月中旬〜8月末に開放され、小学生以下が利用可。オムツが取れていない子、水遊びオムツはNG。

ロープ登り

ロープを握って上へ上へと登ろう。小さな子はまず、ぶら下がってみるだけでもOK。

滑り台

滑り台のてっぺんから、はらっぱを見渡せる。距離が短いので、小さな子も安心。

丸太アスレチック

丸太がランダムに配置されており、登ったり降りたりできる遊具。手を使っても大丈夫。

ロープネット

滑り台とロープ登りの間にあるロープネット。バランスをとりながら、前に進もう！

遊具で遊ぶのはもちろん、広場や池の周りをぐるっと散策しても

まだある！ 注目POINT

トンボ

トンボの幼虫・ヤゴを育む水生植物の環境が保全された湿生地があり、水辺ではいろいろな種類のトンボが飛び交う。

桜

2002年に桜が植樹され、春は辺り一面、桜色に染まる。桜のピンクと緑のコントラストも美しく、見応えたっぷり。

虫取り

緑豊かな園内にはトンボ以外にも虫がいっぱい。花の周りにはチョウ、地面にはバッタがいるので、見つけてみよう。

はらっぱ

遊具の前に広がる芝生の広場。周りを木々に囲まれ、走り回るだけでなく、網を持って虫とりに夢中になる子も多い。

縁台

池に面した特等席。椅子が並んでおり、お弁当を持ってきて、ここで楽しむのもおすすめ。広場の周りにもベンチが点在。

花壇

公園入口や広場の周りなどに花壇を設置。季節ごとに色とりどりの花々が植えられ、かわいらしい姿に癒やされる。

写真提供（生き物）：荒川区環境清掃部環境課

南地区の大部分を占める「ふれあい広場」。ピクニックもおすすめ

木場公園《きばこうえん》

アスレチック系の遊具にチャレンジ！

葛西橋通りと仙台堀川を挟み、南・中・北の3つの地区に分かれている大型公園。3地区を木場公園大橋が結んでおり、橋の上からは東京スカイツリーの眺めが抜群だ。遊具が設置された「冒険広場」は南地区と北地区にそれぞれあり、「南の冒険広場」はターザンロープやザイルクライミングのほか、角度の緩やかな滑り台など、幼児から小学生までが楽しめる遊具が揃う。「北の冒険広場」は複合遊具とブランコのみで、どちらかというと小さな子ども向け。春は広々とした原っぱの「ふれあい広場」で走り回り、秋は落ち葉や木の実ひろいをして遊ぶのも楽しい。

遠山式判定

はう・くぐる
のぼる・おりる
はしる
ぶらさがる
とぶ
おす・ひく
のる
そうさする
まわる
ほる
およぐ・もぐる・うく
わたる

PARK DATA

ボール遊び	○
スケボー	×
花火	×
ペット	○
おむつ替え	○
授乳室	○
園内売店	○
園内飲食店	○
周辺コンビニ	徒歩1分
周辺ファミレス	徒歩5分

大型公園

所要 4時間

くたくた度 ★★★★★

適齢 3〜10歳

【アクセス】
地下鉄木場駅から徒歩5分
駅内EV ○

☎03-5245-1770（木場公園サービスセンター）
住江東区木場4・5、平野4
料時休入園自由（一部有料施設あり）
P134台（1時間400円、以降30分毎に200円）
面積 238,711m^2
MAP P189C3

運動能力が伸びる！ 遊具はコレ

クライミングウォール

壁や棒を上ったり、ロープで固定した木を渡ったりしよう。（南の冒険広場）

うんてい

水平型。バランス感覚や握力、腕力などが鍛えられる。（南の冒険広場）

複合遊具

幅広と低めの滑り台の間はネットを横歩きして移動する。（南の冒険広場）

複合遊具

2つの低い滑り台、吊り橋、トンネル、ネットなどの組み合わせ。（北の冒険広場）

平均台

歩くスペースの幅が狭く、高低差が付いた平均台は難易度高め。（南の冒険広場）

ターザンロープ

森の中を滑走する気分。乗り場が斜めの板なので少し乗りづらい。（南の冒険広場）

ブランコ

複合遊具のすぐ隣には定番のブランコがある。（北の冒険広場）

スプリング遊具

恐竜や動物がモチーフ。1人乗り用のものが3つ設置されている。（南の冒険広場）

ザイルクライミング

ロープが張り巡らされた山を上る。全身を使って頂上を目指そう。（南の冒険広場）

Editor's Voice

園内売店では広場で使えるおもちゃのほか、紙皿や箸なども販売しています。

ココも嬉しい！

【立ち寄りSPOT】

焙煎の香りに惹かれる

ALLPRESS ESPRESSO Tokyo Roastery & Cafe

おーるぷれす えすぷれっそ とうきょうろーすたりーあんどかふぇ

ニュージーランド発のロースタリー&カフェ。木材倉庫をリノベーションした店内は、天井が高く開放的。ベンチでゆっくりするのもおすすめ。

☎03-5875-9131

㊟江東区平野3-7-2 ㊰地下鉄清澄白河駅から徒歩10分 ㊐10～17時（土・日曜、祝日は11～18時） ㊡不定休 Ⓟなし

まだある！ 注目POINT

じゃぶじゃぶ池

小学3年生以下の児童および幼児向けの水遊びスペース。

㊐夏期の10時～12時30分、13～16時

バーベキュー広場

完全予約制で、食材と器材レンタル込みの手ぶらセットも申し込める。

㊐10～16時 ㊡年末年始

※2021年5月現在休止中

ドッグラン

南地区の「ふれあい広場」南端にあり、2,040㎡という広さ。利用の際は事前登録が必要。

都市緑化植物園

家の庭やベランダなどで楽しめる植物を紹介する見本園。クマやゾウの刈込なども。㊐9時～16時30分 ㊡年末年始

公園を海原に見立てた大型遊具と首長竜のモニュメントが印象的

陣川戸公園《じんかどこうえん》

小型公園

所要 1時間

くたくた度 ★★☆☆☆

適齢 4〜6歳

【アクセス】
東武線竹ノ塚駅またはJR・地下鉄綾瀬駅からバスで、バス停花畑三丁目下車、徒歩3分

駅内EV ○

☎03-3880-5239
（足立区公園管理課東部公園係）

㊟足立区保木間5-17-1 料時休入園自由 Ⓟなし

面積 3,362m²

MAP P189C1

運動能力が伸びる！ 遊具はコレ

複合遊具

恐竜を模した船首が付いた船形遊具。滑り台やボルダリングの上り坂、滑り棒も配備。

砂場

大きさは約3m四方。動物除けの柵が付いているので安心。遊びグッズは持参して。

遠山式判定

- おす・ひく
- はう・くぐる
- のぼる・おりる
- はしる
- そうさする
- まわる
- ぶらさがる
- とぶ
- ほる
- およぐ
- わたる
- のる

恐竜好きは激ハマり！ 首長竜と複合遊具

閑静な下町の住宅街に位置する公園。2021年に撤去・新設したばかりの複合遊具はジャングルジムと滑り台を組み合わせたもので、全身をバランスよく使った遊びができる。首長竜のモニュメントもこの公園の名物。お気に入りのアングルを見つけて記念写真を撮ろう。

まだある！ 注目POINT

首長竜

陣川戸公園のシンボル的存在のモニュメント。背中部分は最も高い所で1.3mほどはあるので、かなりの迫力がある。

PARK DATA

ボール遊び	△（柔らかいもののみ可）
スケボー	×
花火	×
ペット	○
おむつ替え	×
授乳室	×
園内売店	×
園内飲食店	×
周辺コンビニ	徒歩3分
周辺ファミレス	×

上千葉砂原公園《かみちばすなはらこうえん》

児童公園

所要 4時間

くたくた度 ★★★★☆

適齢 7～10歳

【アクセス】
JR亀有駅から京成タウンバスで6分、上千葉砂原公園下車すぐ

駅内EV ○

☎03-3693-1777（葛飾区公園課管理運営係）住葛飾区西亀有1-27-1 料時休入園自由（施設により異なる） P24台（30分まで無料）

面積 20,982m²

MAP P189C1

大型遊具「メビウスの輪」。渡って滑って、全身で楽しもう

Editor's Voice

綾瀬駅始発の花畑団地行きバスのほうが本数多めです。（陣川戸公園）

SL車両展示は「D51」。運転席部分に入ることもでき、撮影スポットとしても人気です。（上千葉砂原公園）

運動能力が伸びる！遊具はコレ

メビウスの輪

吊り橋、飛び石など楽しい仕掛けがいっぱい。最後はカーブ滑り台で降りよう！

足踏み式ゴーカート

貸出しは9時～16時30分（受付終了16時）。休日には行列ができることも。

噴水広場

例年7月初旬～9月初旬には水遊びができるじゃぶじゃぶ池に。オムツでの利用不可。

遠山式判定

おす・ひく / はう・くぐる / のぼる・おりる / はしる
そうさする / まわる / ぶらさがる / とぶ
ほる（工事中） / およぐ・もぐる・うく / わたる / のる

遊具も動物も乗り物も！1日かけて巡ろう

動物ふれあい広場や乗り物のレンタルができる交通公園に、SL展示もある区立公園。メビウスの輪のような複合遊具はさまざまな渡り遊びがスリリングに楽しめる。広々とした芝生広場や、夏にはじゃぶじゃぶ池に変身する大きな噴水も。好奇心をくすぐる要素が盛りだくさんだ。

まだある！注目POINT

ふれあい動物広場

ポニー乗馬やモルモット抱っこの体験、クジャクやリスザル、ヤギなどの見学も。水～日曜の9~17時。休日は要問い合わせ。

PARK DATA

ボール遊び	×
スケボー	○（登録制）
花火	×
ペット	×
おむつ替え	○
授乳室	×
園内売店	×
園内飲食店	×
周辺コンビニ	徒歩2分
周辺ファミレス	徒歩1分

新小岩公園《しんこいわこうえん》

ファミリー広場の一角に遊具がある。木々に囲まれ、虫とりもできる

大型公園

所要 2時間

くたくた度 ★★★☆☆

適齢 1〜6歳

【アクセス】
JR新小岩駅から徒歩6分
駅内EV ○

☎03-3693-1777
(葛飾区公園課管理運営係)

住 葛飾区西新小岩1-1-3

料 時 休 入園自由

P 11台(30分無料、以後30分ごと100円)

面積 47,485m^2

MAP P188D2

運動能力が伸びる！遊具はコレ

滑り台

大きめの滑り台はスピードも出て、スリル満点。上に立つと広場を見渡せる。

スプリング遊具

船とバイクの2台。地面が柔らかい土なので転んでも安心。揺らして楽しもう！

ファミリー広場

走り回って遊べる芝生の広場。周囲にベンチがあり、ピクニックもおすすめ。

遠山式判定

おす・ひく	はう・くぐる	のぼる・おりる	はしる
そうさする	まわる	ぶらさがる	とぶ
ほる	およぐ・もぐる・うく	わたる	のる

広〜い芝生の上で思いっきり遊ぼう！

JR総武線と首都高速中央環状線が交わる場所に位置する、都会のオアシス。広い敷地内には噴水や遊水池、芝生の広場などがあり、のびのびと遊べる。広場を囲む形で外周遠路が約600m整備され、ウォーキングやジョキングをしている人も多数。春は桜が咲き、お花見も楽しめる。

またある！注目POINT

シュート広場

サッカーとバスケットのゴールがあり、ボール遊びができる。野球のバットは使用できないが、未就学児のプラスチックバットはOK。

PARK DATA

ボール遊び	○
スケボー	×
花火	×
ペット	○
おむつ替え	×
授乳室	×
園内売店	×
園内飲食店	○
周辺コンビニ	徒歩5分
周辺ファミレス	徒歩5分

篠崎公園《しのざきこうえん》（A地区）（えーちく）

桜の広場には複合遊具を中心にブランコや小さな砂場などが点在

Editor's Voice

噴水やじゃぶじゃぶ池もあり、夏季は水遊びもできます。（新小岩公園）

東側の道路をわたると江戸川を望む堤防に上れます。川の向こうは千葉県！（篠崎公園（A地区））

大型公園

所要 3時間

くたくた度 ★★★☆☆

適齢 1〜12歳

【アクセス】
地下鉄篠崎駅から徒歩16分。またはJR小岩駅・地下鉄篠崎駅からバスで、バス停浅間神社前下車、徒歩4分

駅内EV ○

☎03-3670-4080

住 江戸川区上篠崎1、西篠崎1

料時休 入園無料

P 192台（1時間300円。以後20分100円）

面積 302,623㎡（A・B地区の総面積）

MAP P188D2

運動能力が伸びる！遊具はコレ

複合遊具
西側の和風広場にある遊具。2つの滑り台とうんていで遊べる。裏にはネットも。

複合遊具
東側の広場にある汽車型遊具。飛び石からトンネルへとストーリーが感じられる。

うんてい
東の広場に集まる遊具のひとつ。長い山型うんていで高さもあるので小学生向け。

遠山式判定

自然を間近に感じる都内有数の大型公園

江戸川の西に整備された広大な公園。A・B地区に分かれるが、遊具が充実しているのは広いA地区。複合遊具を配した広場が3カ所あり、東の広場には大きな滑り台やブランコ、うんていなどが揃う。緑鮮やかな草地に高木が並び、シートを敷いてのんびり過ごす人々の姿も多い。

PARK DATA

ボール遊び	△（一部可）
スケボー	×
花火	×
ペット	○
おむつ替え	○
授乳室	×
園内売店	×
園内飲食店	×
周辺コンビニ	徒歩8分
周辺ファミレス	×

まだある！注目POINT

芝山&草地

2つの芝山と広々とした草地は、子どもが走り回って遊ぶのに最適。緑鮮やかな高木が植えられ立体感のある広場になっている。

写真提供：公益財団法人東京都公園協会

京島南公園《きょうじまみなみこうえん》

公園の大部分を占める巨大な滑り台。子どもたちのお目当てもこちら

児童公園

所要 1時間

くたくた度 ★★★★★

適齢 1～6歳

【アクセス】
京成線京成曳舟駅から徒歩9分または東武線小村井駅から徒歩10分

駅内EV ○

☎03-5608-6661
（墨田区道路公園課）
住 墨田区京島2-20-17 料 時 休 入園自由
P なし

面積 1,597m²

MAP P189C2

PARK DATA

ボール遊び	△（柔らかいもののみ可）
スケボー	×
花火	△（手持ちのみ可）
ペット	○
おむつ替え	○
授乳室	×
園内売店	×
園内飲食店	×
周辺コンビニ	徒歩2分
周辺ファミレス	×

運動能力が伸びる！遊具はコレ

滑り台

階段は2段の土台の上にある。急斜面だが細めなので足でスピード調節しやすい。

ジャングルジム

うんていの左右にジャングルジムがあるユニークな造り。下りずに移動に挑戦！

ブランコ

この規模の公園には珍しくブランコは6連。チェーンの長さが異なる2種類が揃う。

遠山式判定

おす・ひく	はう・くぐる	のぼる・おりる	はしる
そうさする	まわる	ぶらさがる	とぶ
ほる	およぐ	わたる	のる

高さ約10m！スリル満点の滑り台

50年以上にわたって愛される下町の児童公園。中央には２本の巨大な滑り台があり、これが地元で「マンモス公園」と呼ばれる所以だ。階段を上ると一軒家の屋根を見下ろすほどの高さになる。滑り台を囲むように、うんていをはさんだ２つのジャングルジムやブランコなどが並ぶ。

またある！注目POINT

スカイツリーの眺め

公園の西にそびえたつ東京スカイツリー®を望む。駅から公園に向かう途中でも天高く伸びる東京スカイツリー®を眺めながら歩ける。

横十間川親水公園《よこじゅっけんがわしんすいこうえん》 水上アスレチック《すいじょうあすれちっく》

水濡れ注意！　開放感たっぷりの水上アスレチックエリア

Editor's Voice

遊具は日陰に入らないので、真夏は午前中や夕方に訪れるのがベター。（京島南公園）屋根つきベンチは席数が少ないので、日除け対策は万全に！（横十間川親水公園水上アスレチック）

運動能力が伸びる！ 遊具はコレ

ターザンロープ

ロープにつかまり飛び出そう。体の向きを変えたり、揺れたりしてもおもしろい。

UFOクライム

ゆらゆら揺れる円盤を渡ろう。水に落ちないよう、鎖にしっかりつかまって！

GOGOロープ

UFO型の円盤に座り、綱を引き寄せながら水上を渡ろう。※2021年5月現在修理中

遠山式判定

全力で挑戦！ 水上アスレチック

小学生向きの水上アスレチックや貸しボートが親子連れに人気の親水公園。川沿いの道はレンガ舗装で、ベビーカーやよちよち歩きのお散歩でも安心。サギやカモなど多種多様な鳥の観察や、桜、ツツジ、モミジなど、四季折々の彩りを楽しみながらの親子ランニングもおすすめ。

まだある！ 注目POINT

貸しボート

ボートは手漕ぎ（3人乗り）と足漕ぎ（2人乗り）の2種類。足漕ぎボートは、定員に加え幼児1人まで同乗可能。30分100円。

親水公園

所要　3時間

くたくた度　★★★☆☆

適齢　6～12歳

【アクセス】
地下鉄住吉駅から徒歩12分
駅内EV　○

☎なし 住江東区北砂1-2先 料無料 時9時～16時30分 休毎月1・15日（土・日曜、祝日の場合は翌日）、12月29日～1月3日 Pなし

面積　51,967㎡（親水公園全体）

MAP　P189C2

PARK DATA

ボール遊び	×
スケボー	×
花火	×
ペット	○
おむつ替え	×
授乳室	×
園内売店	×
園内飲食店	×
周辺コンビニ	×
周辺ファミレス	×

迫力満点の遊具に、子どもたちの
ドキドキワクワクが止まらない！

大島小松川公園《おおじまこまつがわこうえん》

大型公園

所要 4時間

くたくた度 ★★★★☆

適齢 0～12歳

【アクセス】
地下鉄東大島駅から徒歩3分
駅内EV ○

☎03-3636-9365

㊟江東区大島九丁目(江戸川区小松川一丁目)

料時休（一部有料、一部エリア9～21時）

Ⓟ194台（最初の1時間300円、以降20分100円）

面積 249,283m^2

MAP P188D2

運動能力が伸びる！遊具はコレ

幼児用アスレチック遊具

幅広の滑り台と波形スロープ。小さな子どもでもプチ冒険が楽しめる。

ターザンロープ

長～い距離で楽しさ倍増！落ちないように、しっかりロープにつかまろう。

複合遊具

ロープを登ったり、一本橋を渡ったり。滑り台への行き方もいろいろ。

遠山式判定

おす・ひく
はう・くぐる
のぼる・おりる
はしる
そうさする
まわる
ぶらさがる
とぶ
ほる
わたる
のる

冒険家気分を満喫！船型アスレチック遊具

旧中川をはさんで広がる敷地に複数の広場が連なる大型公園。人気は巨大アスレチック遊具。急傾斜のデッキや波形スロープを渡り、断崖ロープネットをよじ登った先に登場するのは、長～いローラー滑り台！　頂上から一気に滑り降りれば、荒波を乗り越えた冒険家の気分♪

まだある！注目POINT

自由の広場

アスレチック広場に隣接する芝生広場。おにごっこをしたり、裸足になって芝生の感触を楽しんだり。レジャーシートで休憩も◎。

PARK DATA

ボール遊び	×
スケボー	×
花火	×
ペット	○
おむつ替え	○
授乳室	×
園内売店	×
園内飲食店	×
周辺コンビニ	徒歩3分
周辺ファミレス	徒歩4分

若洲海浜公園
わかすかいひんこうえん

日差しを遮る場所が少ないので、暑さ対策はしっかりしよう

Editor's Voice

アスレチック広場は木陰が少なめ。夏は帽子を忘れずに!（大島小松川公園）

人工磯で釣りや磯遊びをする場合は、ライフジャケットを持参・着用を。（若洲海浜公園）

海上公園

所要 3時間

くたくた度 ★★★★★

適齢 4～10歳

【アクセス】
JR・りんかい線・地下鉄新木場駅からバスで、バス停若洲キャンプ場前から徒歩7分。またはバス停若洲ゴルフリンクス前から徒歩1分

駅内EV ○（新木場駅）

☎03-3522-3225（ゴルフリンクス）

住江東区若洲3-1-2

料時休入園自由

P345台（1時間400円、以降1時間毎に100円）

面積 830,177㎡（うち水域53,951㎡）

MAP P189C3

運動能力が伸びる！遊具はコレ

ブランコ

サイクリングロード沿いに設置。まるで海に向かってこいでいるような気分に。

© 東京港埠頭㈱　東京都立若洲海浜公園

遠山式判定

おす・ひく
はう・くぐる
のぼる・おりる
はしる
そうさする
まわる
ぶらさがる
とぶ
ほる
およぐ
わたる
のる

まだある！注目POINT

海釣り施設

東京ゲートブリッジの下に設置された無料の釣り専用の防波堤。カサゴやメバルなどが釣れる。
時6～21時　休悪天候日

人工磯

10tの石を配置して人工的に造成された全長480mの磯。岩場のため足もとが滑りやすいので十分注意を。

© 東京港埠頭㈱　東京都立若洲海浜公園

サイクリングロード

若洲公園（→P58）とつながる全長約6kmのサイクリングロード。海の景観や東京ゲートブリッジなど眺望抜群。

芝生で遊んで磯遊びや釣りも満喫

東京湾に面した海上公園。公園全体に整備されたサイクリングロードと海沿いの遊歩道の間は緩やか傾斜の芝生で、上ったり下りたり、コロコロ転がったりして自由に遊べる。防波堤や護岸部分は海釣り場で、竿のレンタルやエサの販売もあるので手ぶらで釣りが楽しめる。

PARK DATA

ボール遊び	△（柔らかいもののみ可）
スケボー	×
花火	×
ペット	○
おむつ替え	○
授乳室	×
園内売店	×
園内飲食店	×
周辺コンビニ	徒歩1分
周辺ファミレス	×

辰巳の森海浜公園《たつみのもりかいひんこうえん》

小さな子ども向け遊具がある広場。のびのび体を動かそう！

児童公園

所要 2時間

くたくた度 ★★☆☆☆

適齢 4～6歳

【アクセス】
地下鉄辰巳駅から徒歩7分

駅内EV ○

☎03-5569-8672

住 江東区辰巳 2-1-35

料時休 入園自由

P あり※ 2021年5月現在閉鎖中

面積 169,237m²

MAP P189C3

運動能力が伸びる！遊具はコレ

シーソー

赤トンボをイメージした、かわいらしい形。ほかではみかけない3人用！

滑り台

２つの滑り台が合体。大人の目線ほどの高さで、小さな子どもでも安心。

遠山式判定

おす・ひく
はう・くぐる
のぼる・おりる
はしる
そうさする
まわる
ぶらさがる
とぶ
ほる
わたる
のる

緑の中で小1時間ほど軽く遊ぶのに最適！

ゆっくり歩いて15分ほどでまわれる中規模公園。遊具広場のほか、健康遊具や少年広場、マレットゴルフ場など、体を動かせる施設が充実しており、子どもからお年寄りまで一緒に楽しめる。遊具の周囲には適度な木陰やベンチがあり、休憩しながら遊べるのもポイント。

まだある！注目POINT

マレットゴルフ場

スティックでボールを打ち、ホールに入れよう。利用希望者は当日、公園管理事務所で申込みを。道具の貸出しあり（1時間150円）。

PARK DATA

ボール遊び	○
スケボー	×
花火	×
ペット	○
おむつ替え	○
授乳室	○
園内売店	×
園内飲食店	×
周辺コンビニ	徒歩2分
周辺ファミレス	×

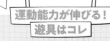

行船公園《ぎょうせんこうえん》

遊具広場で目を引く、石でできた丸いジャンボスライダー

Editor's Voice

広場では、レジャーシートを広げてピクニックをするのも気持ちがいいですよ！（辰巳の森海浜公園）

西葛西駅から徒歩（1.1km）がキツければ、バスも便利です。『宇喜田』下車すぐ。（行船公園）

児童公園

所要 3時間

くたくた度 ★★★★★

適齢 0〜6歳

【アクセス】
地下鉄西葛西駅から徒歩15分

駅内EV ○

☎03-5662-1934
（平日のみ）

住 江戸川区北葛西3-2-1 料 時 入園自由（自然動物園と平成庭園はHP参照）
休 無休（自然動物園は月曜休） P なし

面積 29,752㎡

MAP P188D3

運動能力が伸びる！遊具はコレ

ジャンボスライダー

背面には小さな手でもつかみやすい持ち手が配置。ボルダリング気分で登ろう。

鉄棒

比較的低め＆クッション材が敷いてあるので、鉄棒デビューでも安心。

家

公園内で拾った落ち葉や木の実、砂場で作った泥だんごを使って、ごっこ遊び。

遠山式判定

おす・ひく
はう・くぐる
のぼる・おりる
はしる
そうさする
まわる
ぶらさがる
とぶ
ほる
およぐ
わたる
のる

怖がりキッズも安心 公園デビューに最適

園内全域バリアフリーの行船公園。広くてなだらかなジャンボスライダーは小さな子どもでも挑戦しやすい。まずは抱っこで一緒に滑ろう。元気キッズは背面のボルダリングに挑戦。どのルートで登るか考えるのも楽しい。園内の自然動物園や庭園も周遊すれば大満足の1日に。

まだある！注目POINT

平成庭園

池を囲む築山池泉廻遊式公園。花に囲まれた細道、ごつごつした石階段、モミジ並木など、一周するだけで心地よい有酸素運動に。

PARK DATA

ボール遊び	×
スケボー	×
花火	×
ペット	○
おむつ替え	○
授乳室	○
園内売店	○
園内飲食店	×
周辺コンビニ	徒歩5分
周辺ファミレス	徒歩4分

宇喜田さくら公園《うきたさくらこうえん》

リングネットとロープの吊り橋は公園のシンボル

児童公園

所要 2時間

くたくた度 ★★★☆☆

適齢 4〜6歳

【アクセス】

地下鉄船堀駅から徒歩20分。または地下鉄西葛西駅から徒歩20分

駅内EV ○

☎なし

住 江戸川区北葛西5-20-1 料 時 休 入園自由 P なし

面積 5,860m^2

MAP P188D3

運動能力が伸びる！遊具はコレ

ネット遊具

うねうねしたリングネットとロープの吊り橋。渡り歩きなどの動きができる。

滑り台

小山の頂上から平地への高低差を利用した造りなので、スピード感は抜群。

ボルダリング

木製壁に突起がついているタイプ。傾斜がかなり緩やかなので挑戦しやすい。

遠山式判定

おす・ひく
はう・くぐる
のぼる・おりる
はしる
まわる
とぶ
ほる
わたる
のる

シンボルのリングネットを制覇！

春は敷地を囲むように桜が咲き誇る児童公園。ここの人気は超巨大な複合遊具。うねうねしたリングネット、小山に設置された櫓から滑るロング滑り台、ボルダリング、ロープ綱などを楽しめる。ミニ滑り台やスプリング遊具、砂場など幼児も楽しめる遊具があるのもポイント。

まだある！ 注目POINT

広場

敷地の約半分は広場になっており、鬼ごっこをしたり、ゴムボールを使って遊んだり、思いっきり動き回れる。

PARK DATA

ボール遊び	△（柔らかいもののみ可）
スケボー	×
花火	×
ペット	○
おむつ替え	×
授乳室	×
園内売店	×
園内飲食店	×
周辺コンビニ	徒歩5分
周辺ファミレス	×

歴史的な建物と
広々とした池のま
わりを散策しよう

COLUMN 1

緑豊かな庭園で遊ぼう

橋に小山、池や花……。曲がった道の先に何があるか、ワクワクのお散歩が楽しめる。たくさん歩いて、運動能力アップ！

東京23区東部

江東区●清澄

清澄庭園

きよすみていえん

回遊式庭園

所要 30分
くたくた度 ★★★★★
適齢 3〜10歳

磯渡りや野鳥観察も楽しい

東京都指定名勝にも指定されている回遊式庭園。園内の真ん中に配置された池の周りを散策することができ、なかでも、池にとびとびに置かれた石を渡る「磯渡り」は、歩きながら広々とした池の景色を楽しめるので子どもにも人気。野鳥も多く、夏はツバメ、冬はカモ類やメジロなど季節の野鳥が観察できるのも嬉しい。

【アクセス】
地下鉄清澄白河駅から徒歩3分
駅内EV ○

☎03-3641-5892
住江東区清澄3-3-9
料150円、65歳以上70円（小学生以下と都内在住・在学の中学生は無料）時9〜17時 休無休 Pなし
面積 37,434m^2
MAP P189C2

遠山式判定

おす・ひく
はう・くぐる
はしる
そうさする
まわる
ぶらさがる
とぶ
ほる
およぐ
わたる
のる

PARK DATA

ボール遊び	×
スケボー	×
花火	×
ペット	×
おむつ替え	○
授乳室	×
園内売店	×
園内飲食店	×
周辺コンビニ	徒歩1分
周辺ファミレス	徒歩2分

大正記念館

自由に入ることはできないが、外から眺めるだけでも楽しく美しい造り。

こんなふうに遊ぼう

磯渡り

大きな石と石を渡って歩く。景色に夢中になって落ちないように注意しよう。

COLUMN 1

緑豊かな庭園で遊ぼう

東京23区西部

新宿区・渋谷区

新宿御苑

しんじゅくぎょえん

風景式庭園ほか

所要 3時間

くたくた度 ★★★★★

適齢 1～12歳

色とりどりの花が咲く！ 風景式庭園の名作

江戸時代の大名屋敷をルーツとし、1906年に皇室の庭園として誕生した。一般公開されたのは戦後の1949年で、周囲3.5kmの広大な敷地に風景式庭園、整形式庭園、日本庭園という3つの庭園が美しく配置されている。芝生が広がる風景式庭園は緑鮮やかな木々に守られ、シートを敷いてくつろぐ人々で賑わう。続く整形式庭園は季節の花に彩られ、特に5月上旬から6月下旬頃に咲き誇る約100種500株のバラは見事だ。ほかにも池泉回遊式の日本庭園や自然観察を楽しめる森など、散策をしながら多彩な自然環境に触れられるフィールドが揃っている。

※園内では遊び道具類の使用は禁止（こども広場を除く）。木登り、ランニング禁止

日本庭園

池の流れに沿ってデザインされた回遊式の庭園。園内の茶室では抹茶もいただける（有料）。水辺にたたずむ旧御涼亭は、中国南方の建築様式を取り入れた貴重な歴史的建造物。

母と子の森

木々が連なる巨樹の森や光が爽やかな里山の森、流れのある池など、特徴の異なるさまざまな自然環境を整備。430mの遊歩道を歩くと、変化に富んだ自然に触れられる。

こんなふうに遊ぼう

温室で植物観察

丘の上に建てられた温室では、熱帯・亜熱帯を中心に約2700種の植物を栽培。約1000種が見られる。

広場でかけっこ

こども広場では小学生以下に限り柔らかいボールで遊べる。緩い斜面は鬼ごっこやかけっこにも最適。

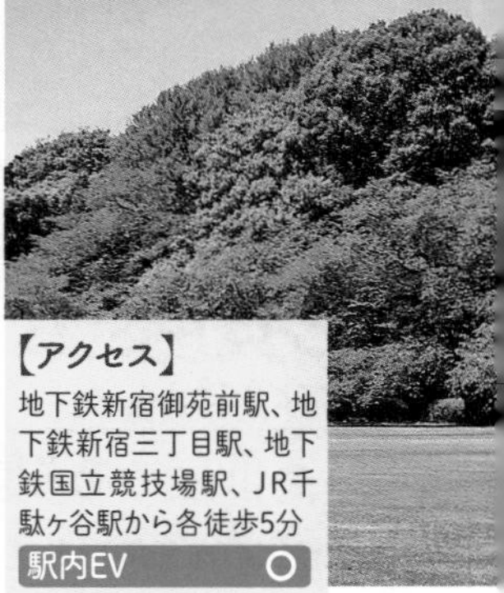

広々とした芝生に巨樹が立つ風景式庭園は都会にありながら別世界

【アクセス】

地下鉄新宿御苑前駅、地下鉄新宿三丁目駅、地下鉄国立競技場駅、JR千駄ヶ谷駅から各徒歩5分

駅内EV ○

☎03-3350-0151

㊟新宿区内藤町11 ㊕500円（65歳以上と高校生以上の学生は証明書提示にて250円。中学生以下は無料） ㊋9～16時（3月15日～9月30日は～17時30分）、7月1日～8月20日は～18時30分） ㊡月曜（祝日の場合は翌平日） Ⓟ200台（2時間600円。以後30分200円）

面積 583,000m²

MAP P189B2

PARK DATA

ボール遊び	△（柔らかいもののみ可）
スケボー	×
花火	×
ペット	×
おむつ替え	○
授乳室	○
園内売店	○
園内飲食店	○
周辺コンビニ	徒歩５分
周辺ファミレス	×

COLUMN 1
緑豊かな庭園で遊ぼう

春は桜や藤、秋はモミジが色づき、季節ごとに変化する景色も楽しみ

東京23区西部
文京区●千駄木

須藤公園
すどうこうえん

回遊式庭園
所要 1時間
くたくた度 ★★★★★
適齢 4〜10歳

上段広場
遊具はブランコと滑り台の2種類。クスノキやモミジなどの木々に囲まれた広場からは池や藤棚など園内を見渡せる。

高低差のある園内で自然にふれながら散策

起伏のある地形を生かした公園は、江戸時代に造られた大名庭園に由来。クスノキなどの大木、斜面地に植栽されたヤブラン、マンリョウ、ミソハギなど、豊かな緑に包まれている。水音が心地よい落差約10mの滝から水が流れ込む池には、クサガメやコイ科のモツゴ、カルガモなどが生息しており、自然観察が楽しめる。

【アクセス】
地下鉄千駄木駅から徒歩2分
駅内EV ○

☎なし
住 文京区千駄木3-4
料 時 休 入園自由
P なし
面積 4,824m²
MAP P189B2

遠山式判定

おす・ひく	はう・くぐる	のぼる・おりる	はしる
そうさする	まわる	ぶらさがる	とぶ
ほる	あるく	わたる	のる

PARK DATA

ボール遊び	×
スケボー	×
花火	×
ペット	×
おむつ替え	○
授乳室	×
園内売店	×
園内飲食店	×
周辺コンビニ	徒歩1分
周辺ファミレス	×

こんなふうに遊ぼう

遊歩道を散策
園内には遊歩道がめぐらされ、アップダウンがあるので歩きまわるだけでもいい運動になる。

COLUMN 1

緑豊かな庭園で遊ぼう

三菱財閥・岩崎家の別邸があった回遊式林泉庭園は、多摩地区で唯一の国指定の名勝地

東京郊外

国分寺市●国分寺

殿ヶ谷戸庭園

とのがやとていえん

回遊式庭園

所要 2時間

くたくた度 ★★★★★

適齢 1～12歳

風情ある回遊式庭園

国分寺駅から程近い回遊式の日本庭園は、鬱蒼とした木々に囲まれ、由緒ある建築物と四季の草花を楽しむことができる。厓線(がいせん)と呼ばれる自然の地形を利用したアップダウンのある園内は、小さな子どもなら散策するだけで楽しめるはず。庭園には児童遊園が併設され、砂場や広場で元気に遊ぶこともできる。

【アクセス】

JR・西武線国分寺駅から徒歩2分

駅内EV ○

☎042-324-7991 住国分寺市南町2-16 料150円、65歳以上70円（小学生以下と都内在住・在学の中学生は無料）時9～17時（入園は16時30分まで）休12月29日～翌1月1日まで Pなし

面積 21,123m²

MAP P190E2

併設の児童公園

庭園外の児童公園には大きな砂場があり、子どもに人気！　木陰のある広場で思い切り遊ぼう。入場無料。

遠山式判定

※児童公園部分のみ。

PARK DATA

ボール遊び	×
スケボー	×
花火	×
ペット	×
おむつ替え	×
授乳室	○
園内売店	×
園内飲食店	×
周辺コンビニ	徒歩2分
周辺ファミレス	徒歩3分

こんなふうに遊ぼう

自然観察

庭園内には四季の草花や野鳥、昆虫などがたくさん。散策しながら武蔵野に残る自然を親子で観察しよう。

写真提供：殿ヶ谷戸庭園

COLUMN 1

緑豊かな庭園で遊ぼう

庭園内からは東京スカイツリー® の姿も見える

東京23区東部

墨田区●東向島

向島百花園

むこうじまひゃっかえん

花園

所要 30分

くたくた度 ★★★★★

適齢 5〜10歳

都会で楽しむ日本の四季

江戸時代に造られた歴史ある庭園。季節によって様々な花が楽しめるのが最大の特徴で、特に30メートルにもなる萩のトンネルは見事。くぐりながら、一面萩の花を堪能できる。都会では珍しい鈴虫などの声を聴くこともできる「虫ききの会」も行われる。同じ敷地内には児童遊園もある。

【アクセス】

東武線東向島駅から徒歩8分

駅内EV ○

☎03-3611-8705

住墨田区東向島3-18-3 料150円、65歳以上70円（小学生以下と都内在住・在学の中学生は無料）時9〜17時 休無休 Pなし

面積 10,885m²

MAP P189C2

池にかかる石橋

季節の景色を眺めながら、歩いて渡ろう

遠山式判定

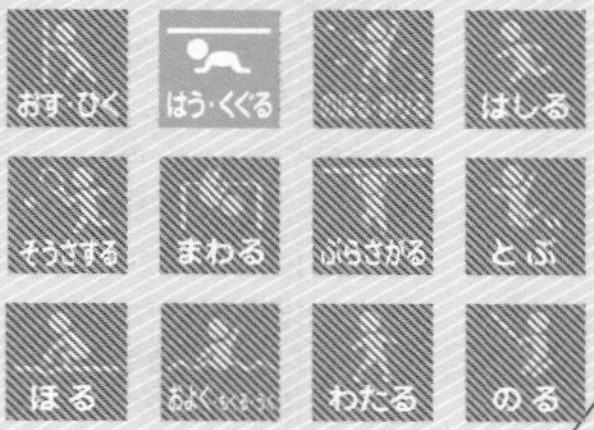
おす・ひく
はう・くぐる
はしる
そうさする
まわる
ぶらさがる
とぶ
ほる
およぐ
わたる
のる

PARK DATA

ボール遊び	×
スケボー	×
花火	×
ペット	×
おむつ替え	○
授乳室	×
園内売店	○
園内飲食店	×
周辺コンビニ	徒歩4分
周辺ファミレス	徒歩10分

こんなふうに遊ぼう

萩のトンネル

紅紫色の花が美しい、竹で組まれたトンネル。全身で自然を楽しんで。

West / 23Cities of Tokyo

運動能力がぐんぐん伸びる！

東京23区
西部の公園

COLUMN

交通公園で遊ぼう

大谷田南公園／板橋交通公園
北沼公園／萩中児童交通公園
府中市立交通遊園

砧公園《きぬたこうえん》

遠山式判定

はう・くぐる
のぼる・おりる
はしる
ぶらさがる
とぶ
おす・ひく
のる
そうさする
まわる
ほる
およぐ
わたる

「みんな」が遊べる遊具広場が楽しすぎ！

東京都内でも広々とした芝生の広場が際立つ都立公園。屈指の花見スポットとしても人気を博す緑豊かな砧公園で、今最も注目を集めているのが約3200㎡の「みんなのひろば」だ。障がいがある子もない子もみんながともに遊び、楽しむことのできる遊具広場として2020年3月に完成したばかり。遊具エリアはゴムチップで舗装されており、車いすで利用できる複合遊具に加え、きょうだいで一緒に乗れるブランコや座って楽しめる回転遊具など、ユニークな遊具が興味深い。「子供の森」のアスレチック遊具や芝生が気持ちいい広場と一緒に、一日遊び尽くそう。

PARK DATA

ボール遊び	△（柔らかいもののみ可）
スケボー	×
花火	×
ペット	○
おむつ替え	○
授乳室	△（要問合せ）
園内売店	○
園内飲食店	○
周辺コンビニ	徒歩4分
周辺ファミレス	徒歩5分

大型公園

所要 4時間

くたくた度 ★★★★☆

適齢 1～10歳

【アクセス】
東急線用賀駅から徒歩20分
駅内EV ○

☎03-3700-0414
住 世田谷区砧公園1-1
料 時 休 入園自由
P 有料233台
面積 391,777m^2
MAP P189A3

運動能力が伸びる！ 遊具はコレ

みらい号（船型遊具）

なだらかなスロープや階段の上り下り、幅広の滑り台は乳幼児も大のお気に入り！

複合遊具

3〜12歳向け。長いスロープの先には緩やかな滑り台が。ネットを登って上がれる個所も。

ターザンロープ

一周回れるタイプ。カーブでは遠心力がかかるので、振り落とされないように注意！

ぐるぐるマウンテン

くぼみ部分にお尻を入れ、背中を壁につけて座ると安全に楽しめる。ゆっくり回そう。

大型ぶらんこ

寝た姿勢で乗れるディスク状のものや、安全バー付きの椅子タイプなど全3種類。

楽器遊具

鍵盤を押し下げるとパイプから音が鳴る仕組み。乳幼児が遊べる高さ(写真左)がうれしい。

日本では数少ない、ユニバーサルデザインの「みんなのひろば」

Editor's Voice

「みんなのひろば」は日陰が少ないので、帽子の着用と水分補給をしっかりと！

ココも嬉しい！

〖立ち寄りSPOT〗

ふわふわもちもちのドーナツ

珈琲とドーナツ ふわもち邸《こーひーとどーなつ ふわもちてい》

札幌で人気のドーナツ・ベーグル専門店「ふわもち邸」の"のれん分け"店。ひとつひとつ丁寧に手作りするドーナツとコーヒーをテイクアウトできる。子ども用ドリンクもあり。

☎03-5797-9279 住世田谷区用賀4-12-2大山ハイツ 交東急線用賀駅から徒歩5分 時8時30分〜17時（土・日曜、祝日は10時〜） 休不定休 Pなし

まだある！ 注目POINT

子供の森

ネット遊具やアスレチック遊具、ジャングルジムなど、アクティブに遊べる。夏は木陰で涼しいが、虫よけ対策が必須。

わくわく広場

「みんなのひろば」に隣接する未就学児専用の遊び場。小さな滑り台やリンク遊具、ネット遊具がある。

ファミリーパーク

美しい芝生が一面に広がり、春は桜の名所としてにぎわう。お弁当持参でピクニックを楽しもう。ペット、自転車不可。

パークス梅園前

「みんなのひろば」に一番近い売店。人気スイーツ「きぬた焼」は、あんことカスタードの2種類各130円。

根強いファンが多い「ちびくろ号」の乗車体験は、絶対に外せない！

世田谷公園《せたがやこうえん》

ミニSLにミニカート！乗り物好きは大興奮

都会のど真ん中にありながら、喧騒を忘れさせてくれる世田谷公園。休日ともなると、遠方からも家族連れが訪れる人気スポットだ。その多くがお目当てにするのが、本物のD51の1/5スケールである「ちびくろ号」だ。280mを2分半で一周するミニSL（有料）は乗るだけでなく、線路に沿って一緒について歩いたり、走って先回りしてみたりと、様々な楽しみ方ができる。ミニSL運行日以外でも、巨大な太鼓はしごが楽しい遊具広場やミニカートに乗れる交通広場、さらに自由な発想で遊べるプレーパークを転々とすれば、一日中めいっぱい身体を動かせる。

遠山式判定

はう・くぐる
のぼる・おりる
はしる
ぶらさがる
とぶ
おす・ひく
のる
そうさする
まわる
ほる
およぐ・もぐる・うく
わたる

PARK DATA

ボール遊び	○
スケボー	○
花火	△（要問合せ）
ペット	○
おむつ替え	○
授乳室	△（要問合せ）
園内売店	○
園内飲食店	×
周辺コンビニ	徒歩1分
周辺ファミレス	徒歩1分

大型公園

所要 4時間

くたくた度 ★★★★★

適齢 1〜10歳

【アクセス】
東急線三軒茶屋駅から徒歩18分

駅内EV ○

☎03-3412-7841
（世田谷公園管理事務所）

住 世田谷区池尻1-5-27

料 時 休 入園自由

Ⓟ 有料32台

面積 78,957m²

MAP P189A3

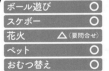

運動能力が伸びる！ 遊具はコレ

太鼓はしご

全長25m程度と超ロング。遊具の両側から上り下りして渡る。最も高い所で約1.8m。

滑り台

頂上から二手に分かれて滑るタイプ。対象年齢は3～12歳。高さがあるので幼児は要注意。

幼児用ブランコ

遊具広場のブランコは4つ中1つが足を入れるタイプ。緩衝材もしっかりしていて安心。

鉄棒

健康器具のある広場に近いため、低鉄棒（約80㎝/90㎝）と大人用（約1.8m）がある。

砂場

珍しい六角形の形状。フェンスに囲われていて、散歩中の犬が寄ってくる心配なし。

カート

交通広場に専用のコースがある。ペダルを漕いで走らせよう。利用は小学3年生まで（無料）。

ブランコ

交通広場内には4つ完備。ミニカートの順番待ちなどで小学生も多く利用する。

幼児用滑り台

交通広場内の滑り台は3～6歳対象。高さは1mほどなので、滑り台デビューにも安心。

リンク遊具

スプリングより揺れがやさしく幼児向き。交通広場と遊具広場に各2台配備する。

Editor's Voice

ミニSLの運行は毎週水・土・日曜、祝日や学校休業日など。10時の始発が狙い目です！

ココも嬉しい！

【立ち寄りSPOT】

かわいくて食べられない?!

ぱんやのパングワン《ぱんやのぱんぐわん》

店名のパングワンはフランス語でペンギン。ペンギン好きなオーナーが作るペンギンや動物モチーフのかわいいパンが大人気。多いときは約60～70種類のパンが並ぶ。

☎03-3421-0615
㊟世田谷区三軒茶屋1-36-15
㊛東急線三軒茶屋駅から徒歩2分
㊗10時30分～15時 ㊡日・月曜 Ⓟなし

まだある！ 注目POINT

© 世田谷区

屋外プール

7月1日～9月10日の夏季限定。水深1.2mの大プールと0.3m/0.5mの小プールがある。㊑390円（2時間入替制）。

かえで広場

ミニSLの線路に囲われた広場。自由に走れるほか、SL運行日以外はフリスビーやボール遊びが許可されている。

展示機関車

1939（昭和14）年製造のD51-272。1973年から炭水車と車掌車とともに展示・保存されている。

噴水広場

水遊びはできないが、マイナスイオンを感じる地元民憩いの場。ベンチに座って、ピクニックランチを楽しんで。

西六郷公園《にしろくごうこうえん》（タイヤ公園《たいやこうえん》）

1969年の開園当時は約3000本の廃タイヤが使われていた

廃タイヤを活用したエコロジーパーク

タイヤ公園の別名どおり、２つの円形広場にタイヤを使った遊具やオブジェがいっぱい。なかでも公園の中央にそびえ立つ約8mの大怪獣は強烈なインパクト。尾まで入れると約20mあり、尾はくぐって遊べるトンネルになっている。ほかにもタイヤのロボットやロケットなどがあり、周辺にはタイヤの山や巨大タイヤが点在する。ジャングルジムやブランコなどの遊具が揃っており、滑り台は大小2つ。小さいタイヤの貸し出しがあり(8〜16時頃)、お尻の下に敷いて滑るとスピードアップ！　日陰がなく夏はタイヤが熱くなるため、長ズボンで遊ぶと安心。

遠山式判定

はう・くぐる
のぼる・おりる
はしる
ぶらさがる
とぶ
おす・ひく
のる
そうさする
まわる
ほる
およぐ
わたる

PARK DATA

ボール遊び	×
スケボー	×
花火	×
ペット	×
おむつ替え	○
授乳室	×
園内売店	×
園内飲食店	×
周辺コンビニ	徒歩2分
周辺ファミレス	×

児童公園

所要 3時間

くたくた度 ★★★★★

適齢 1〜12歳

【アクセス】
京急線雑色駅から徒歩10分。またはJR蒲田駅から徒歩15分

駅内EV ○

☎03-5713-1118
住 大田区西六郷1-6-1
料 時 休 入園自由
P なし
面積 5,700m^2
MAP P189B4

運動能力が伸びる！ 遊具はコレ

Editor's Voice

ユニークなコンセプトの公園として、海外でも紹介されました♪

滑り台

幅のあるワイド滑り台は一番人気。ほかに砂場では小さな幼児用の滑り台で遊べる。

ジャングルジム

お城のようなカラフルなジャングルジムは、デッキに小さなタイヤが置かれ足場になる。

ブランコ

4連のブランコが2つ備わる。サイズが異なるので、幼児から小学生まで幅広く遊べる。

ローラー遊具

タイヤを連ねた丸太転がしのような遊具。鉄棒につかまれるのでバランスはとりやすい。

タイヤネット

タイヤをチェーンでネットのようにつないだ遊具。手と足を上手に使って移動してみよう。

タイヤブランコ

4本のチェーンでタイヤを吊った個性派。バランスがよいので小さな子どもでも楽しめる。

吊り橋

4つのタイヤをつなげた吊り橋。手を使わずにバランスをとってわたれるかチャレンジ！

トンネル

公園のシンボル、大怪獣の尾はタイヤのトンネルになっている。腰をかがめて通り抜けて。

砂場

タイヤがいくつも埋まった大きな砂場。巨大なタイヤを使った1〜2人用の砂場も点在。

ココも嬉しい！

立ち寄りSPOT

安くておいしいベーカリー

フレッシュベーカリー ベルン《ふれっしゅべーかりー べるん》

店内には、なんと10円から50円以下のパンが20種類以上も。一番人気はリングドーナツ。店主の「商店街を盛り上げたい」という思いから、この値段で提供している。

☎03-3735-9339

住大田区東六郷2-11-11 交京急線雑色駅から徒歩5分 時10〜19時 休木・日曜 Pなし

まだある！ 注目POINT

電車ビュー

JRの線路沿いにあるので、京浜東北線や東海道線が目の前を頻繁に通る。特急「踊り子」が見られることも。

タイヤオブジェ

約8mの大怪獣を筆頭に、3体の怪獣やロボット、ロケット、車などタイヤを使ったオブジェがユニーク。

巨大タイヤ

自動車やバイクだけでなく、トラックや飛行機の巨大なタイヤも印象的。大きなタイヤは親の椅子代わりにもなる。

半分埋まったタイヤ

いたるところにタイヤが埋まっており、遊び方はアイデア次第。平均台のように走ってわたるだけでも楽しい。

飛鳥山公園《あすかやまこうえん》

中央の巨大なお城は2020年12月にリニューアルされたもの

300年以上の歴史をもつ北区の人気スポット

江戸時代から桜の名所と知られた飛鳥山は、明治6年(1873)に太政官布達によって指定された日本初の公園のひとつ。王子駅前からアスカルゴというモノレールに乗って、25.4mの小高い山頂まで行ける。遊具が集まる児童エリアは公園の中央にあり、高さ7m超のお城をモチーフにした滑り台が印象的。城の周りには多種多様な遊具が点在するほか、蒸気機関車や都電の車両が展示されているのもユニークだ。園内には紙の博物館など3つの博物館があり文化的な体験ができる。また東北・上越新幹線をはじめ鉄道が見られるビュースポットとしても知られている。

遠山式判定

はう・くぐる	のぼる・おりる	はしる
ぶらさがる	とぶ	おす・ひく
のる	そうさする	まわる
ほる	およぐ	わたる

PARK DATA

ボール遊び	×
スケボー	×
花火	×
ペット	×
おむつ替え	○
授乳室	○
園内売店	○
園内飲食店	○
周辺コンビニ	徒歩2分
周辺ファミレス	×

大型公園

所要 3時間

くたくた度 ★★★★★

適齢 1~12歳

【アクセス】

JR王子駅から徒歩1分。または地下鉄王子駅から徒歩3分

駅内EV ○

☎なし 住北区王子1-1-3 料時休入園自由(一部有料) P23台(30分150円)※2021年12月まで閉鎖

面積 73,788㎡

MAP P189B1

運動能力が伸びる！ 遊具はコレ

Editor's Voice

王子駅南口からは階段になるので、ベビーカーの場合は中央口へ。

複合遊具

3階建ての大型遊具。4方向に滑り台があり、階段のほか石の足場を上ることもできる。

滑り台

リアルな象が強烈なインパクトを放つ滑り台。象の背中から滑り降りるシュールな体験。

回転ジャングルジム

球体に上って遊ぶもよし、外に出て回すのもよし。勢いよく回してぶら下がるのも楽しい。

うんてい

はしご部分が真っすぐな水平型うんてい。背が高いので、小さな子どもは親がサポートを。

たいこ橋

うんていとは逆に、はしごの上に乗る遊具。上るよりも、下りるほうが怖いので注意。

飛び石遊具

木の枝やサンゴを思わせる個性的なデザイン。端から端まで落ちないように移動してみて。

巻貝

貝のような物体から出た突起物を使って上ったり下ったり。歩幅が必要なので小学生向け。

ブランコ

シンプルな4連のブランコはすべて同じ長さ。近くに幼児用のバケットブランコもある。

砂場

藤棚の下にある楕円形の砂場。小さなテーブルや家が設置され、メルヘンチック。

ココも嬉しい！

立ち寄りSPOT

江戸時代コーナーは必見！

北区飛鳥山博物館《きたくあすかやまはくぶつかん》

常設展示では北区を中心とする地域がどのように形成され、人々が暮らしてきたかを実物資料や復元模型などを使って解説。ギャラリーや閲覧コーナー、カフェも併設。

☎03-3916-1133 住北区王子1-1-3 交都電飛鳥山停留所から徒歩4分。またはJR王子駅から徒歩5分 料300円、小中高生100円 時10～17時(入館は～16時30分) 休月曜(祝日の場合は翌平日)、臨時休館あり Pなし

まだある！ 注目POINT

幼児用遊具

児童エリアに隣接して幼児用の複合遊具や砂場が用意されているので、大型遊具で遊べない子どもも楽しめる。

蒸気機関車

児童エリアには1972年まで走っていた蒸気機関車D51が展示され、中にも入れる。隣には都電荒川線(現・東京さくらトラム)の車両も。

新幹線ビュー

食事処「さくら亭」横の展望デッキに立つと、目の前を東北・山形・秋田・上越・北陸新幹線が見られ大人気！

季節の花

春に約650本の桜が花を咲かせるほか、約1万5000本のツツジや約1300株のアジサイなど、季節の花も見どころ。

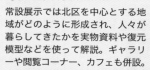

城北中央公園《じょうほくちゅうおうこうえん》

幼児を対象にしたわくわく広場は公園デビューにもぴったり

1日遊んでも飽きない多彩な遊具が集合

練馬区と板橋区にまたがる、石神井川沿いの広大な公園。野球場、陸上競技場、テニスコートなどの運動施設のほか、芝生広場やドッグラン、遺跡まで点在するが、特筆すべきは7歳以下の幼児を対象としたわくわく広場。フェンスに囲まれたエリアに、滑り台、砂場、ロープジャングルジム、アスレチック遊具が配され安心して遊ばせることができる。そのほかにも児童公園には巨大滑り台や飛び石、ターザンロープなど6歳以上を対象とした遊具が目白押し。園内には9000本を超える樹木が植えられており、特に黄金色に輝く秋のイチョウ並木は必見だ。

遠山式判定

はう・くぐる	のぼる・おりる	はしる
ぶらさがる	とぶ	おす・ひく
のる	そうさする	まわる
ほる	およぐ	わたる

PARK DATA

ボール遊び	○
スケボー	×
花火	×
ペット	○
おむつ替え	○
授乳室	○
園内売店	○
園内飲食店	×
周辺コンビニ	徒歩2分
周辺ファミレス	×

大型公園

所要 3時間

くたくた度 ★★★★★

適齢 1～10歳

【アクセス】
東武線上板橋駅から徒歩15分または地下鉄氷川台駅から徒歩20分

駅内EV ○

☎03-3931-3650
住練馬区氷川台1-3-1 料時休入園自由
P65台（1時間300円、以後20分100円）
面積 262,369m^2
MAP P189A1

運動能力が伸びる！ 遊具はコレ

Editor's Voice

隣接する板橋区上板橋体育館では温水プールが利用できます（有料）。

アスレチック遊具

ネットを使ったトンネルを組み合わせた遊具。吊り下げタイプで揺れるのも楽しい。

グローブジャングル

上ったり、引っ張って回したり、躍動感満点。大人に回してもらってもいい。

複合遊具

児童公園にある巨大滑り台。飛び石やボルダリングをつたって上ろう。

飛び石

大小の飛び石が配されている。小さな子どもなら親に支えてもらってジャンプしても。

複合遊具

はしごやうんていが連なる12mのアスレチックは、わくわく広場の目玉遊具だ。

ザイルクライミング

わくわく広場にあるネットジャングルジム。低いので小さな子どもでも怖くない。

小山

50cmほどの低い山ながら意外と上るのが難しく夢中に。裸足でチャレンジして。

ターザンロープ

いつも子どもたちで賑わうターザンロープ。けやき広場に置かれている。

ジャングルジム

円形のジャングルジム。全身の筋肉だけでなく、柔軟性も養うことができる。

砂場

わくわく広場内にある広々とした砂場。砂遊び道具と着替えを持参するのが正解。

アスレチック遊具

東側の桜川児童公園にあるアスレチック遊具。かなり大型なので遊び応え満点だ。

パネル遊具

わくわく広場のフェンスの一部はパネル遊具。低年齢の幼児でも楽しく遊べる。

まだある！ 注目POINT

陸上競技場

団体予約のない日は自由に利用できる陸上競技場。広々とした芝生でのびのびと走り回って体を動かして。

リンゴ広場

公園の南西に位置する広場。芝生が広がり走り回るのにちょうどいい。ほかにも花の広場やミモザ広場がある。

栗原遺跡

旧石器時代から平安時代に造られた複合遺跡。萱葺き家屋が復元されており、練馬区の史跡に登録されている。

公園売店

多目的広場にある売店。パンやアメリカンドッグのほか、やきそばやラーメンなどの軽食も揃う。

光が丘公園《ひかりがおかこうえん》

自然豊かな公園で のびのび体を動かす

練馬区と板橋区にまたがり約60万㎡の敷地を有する、23区内で第4位の面積を誇る公園。樹齢100年を超す巨木が林立するイチョウ並木に迎えられて足を進めると、桜やケヤキが木陰を作る6万㎡の芝生広場、バードサンクチュアリ、木立のなかに遊具が並ぶちびっこ広場、バーベキュー広場などが点在。まさに都会のオアシスといった風情だ。春は満開の桜、夏は噴水や水の流れで遊べる水景施設、秋は色づく紅葉、冬は越冬のため飛来する渡り鳥の観察と、1年を通じて楽しみが満載。フリーマーケットや陶器市などのイベントも随時開催されている。

遠山式判定

はう・くぐる
のぼる・おりる
はしる
ぶらさがる
とぶ
おす・ひく
のる
そうさする
まわる
ほる
わたる

PARK DATA

ボール遊び	○
スケボー	×
花火（事前申込制）	○
ペット	○
おむつ替え	○
授乳室	○
園内売店	○
園内飲食店	○
周辺コンビニ	徒歩1分
周辺ファミレス	徒歩1分

大型公園

所要 5時間

くたくた度 ★★★★★

適齢 1〜12歳

【アクセス】
地下鉄光が丘駅から徒歩8分

駅内EV ○

☎03-3977-7638

住 練馬区光が丘2・4、旭町2、板橋区赤塚新町3

料 時 休 入園自由

P 241台（1時間400円、以後30分200円）

面積 607,824m^2

MAP P189A1

運動能力が伸びる！ 遊具はコレ

複合遊具

滑り台2つと上り棒などを備えた複合遊具。ほかではあまり見かけない長いスロープが特徴。

ブランコ

座りこぎでも立ちこぎでも楽しいブランコ。遊びながらバランス感覚を養おう。

複合遊具

やや高い階段が子どものチャレンジ精神を刺激。苦労の後には滑り台が待っている。

バケット型ブランコ

幼児にも安心のブランコ。まずはこのブランコで揺れる楽しさを感じてみよう。

ザイルクライミング

全身運動になるだけでなく、好奇心を刺激し、達成感を味わうことができる。

約40本の巨木が壮観なイチョウ並木。見頃は例年11月中旬から

Editor's Voice

光が丘駅のショッピングセンター「光が丘IMA」でお弁当を買って公園でランチするのがおすすめ！

ココも嬉しい！

立ち寄りSPOT

天然温泉のデザイナーズ銭湯

天然温泉《てんねんおんせん》 久松湯《ひさまつゆ》

1956年創業、地元の人に愛され続ける銭湯が天然温泉としてリニューアル。炭酸泉や露天風呂が楽しめる。公衆浴場なのでリーズナブル。

☎03-3991-5092 住練馬区桜台4-32-15 交西武線桜台駅から徒歩5分
料470円（小学生180円、未就学児80円）
時11～23時（最終受付22時30分）
休火曜 Pなし

まだある！ 注目POINT

バードサンクチュアリ

観察窓からさまざまな野鳥が観察できるエリア。公開は土・日曜、祝日の9～17時(季節により変更あり)。

芝生広場

広々とした芝生広場。凧揚げや柔らかいボール遊び、かけっこなどでのびのびと体を動かすことができる。

桜の季節

桜の開花時、芝生広場は絶好のお花見スポットに。レジャーシートを広げてのんびりお花見を楽しもう。

流れ

芝生広場の一角には傾斜地とそれを活かした水の流れが。軽い山登りや、水遊びを楽しむことができる。

浮間公園《うきまこうえん》

浮間舟渡駅下車1分！池のほとりのオアシス

荒川の水害対策として、1930年に荒川放水路が完成し、取り残される形で誕生した浮間ヶ池。その池の周辺を整備し1967年に開園したのが浮間公園だ。池のほとりには風車が立ち、チューリップが彩る春先はランドセルを背負った新一年生の記念撮影スポットとなっている。ヘラブナやコイが住む池では、のどかに釣りを楽しむ人々の姿も。池の周囲は散策路となっており、水鳥の姿や、水生植物園で水辺の生き物を観察しながらの散策が楽しい。遊具エリアは2カ所あり、それぞれ複合遊具とブランコ、滑り台などがある。夏場にオープンするじゃぶじゃぶ池も人気。

遠山式判定

はう・くぐる
のぼる・おりる
はしる
ぶらさがる
とぶ
おす・ひく
のる
そうさする
まわる
ほる
およぐ・もぐる・うく
わたる

PARK DATA

ボール遊び（柔らかいもの）	○
スケボー	×
花火（事前申し込み）	△
ペット	○
おむつ替え	○
授乳室	○
園内売店	×
園内飲食店	×
周辺コンビニ	徒歩1分
周辺ファミレス	○

大型公園

所要 3 時間

くたくた度 ★★★☆☆

適齢 1~10歳

【アクセス】
JR浮間舟渡駅から徒歩1分
駅内EV ○

☎03-3969-9168
住 板橋区舟渡2、北区浮間2
料 時 休 入園自由
P 35台（1時間300円、以後20分100円）
面積 117,330㎡
MAP P189B1

Editor's Voice

園内の一部からは、「はやぶさ」や「こまち」など人気の新幹線が見えます!

運動能力が伸びる! 遊具はコレ

複合遊具

冒険広場にある複合遊具。ツイスト滑り台やトンネル、吊橋などがある、公園一の人気遊具だ。

複合遊具

正面入口近くにある複合遊具。もうひとつの複合遊具にくらべ低年齢でも楽しめる。

ターザンロープ

風を切って滑空する楽しい遊具。小さな子は親が補助してあげても大喜び。

砂場

両方の遊具エリアにある砂場。掘ったり山を作ったりして運動能力と想像力を養う。

ブランコ

ブランコは2カ所の遊具エリアそれぞれに設置。2連なので順番を守って利用しよう。

浮間ヶ池のほとりにたたずむ風車。チューリップの季節は特に美しい

ココも嬉しい!

【立ち寄りSPOT】

センスが光る小さなカフェ anzu to momo《あんず と もも》

浮間公園の最寄り駅から2駅隣にあるカフェ。DIYのナチュラルな空間に、かわいいデザートとスタイリッシュなセレクト雑貨が並ぶ。おみやげにバタークッキーも買いたい。

☎03-6312-1410
住北区赤羽西1-16-9
交JR赤羽駅から徒歩2分
時12～17時 休水曜 Pなし

まだある! 注目POINT

じゃぶじゃぶ池

夏季のみオープン。浅めのプールなので小さな子どもでも遊べる。屋根付きのエリアがあり大人にも優しい。

釣り

1977年から自由に釣りができる池として開放されている浮間ヶ池。柵があるので子ども連れでも安心。

風車

池のほとりに建てられた風車。周囲は芝生とよく手入れされた花壇があり、記念撮影スポットとなっている。

水生植物園

池の北に位置する水生植物園。木道が敷かれ、散策しながらハスなど湿地の植物を観賞することができる。

大泉中央公園《おおいずみちゅうおうこうえん》

熱狂間違いなしのソリゲレンデに直行！

第二次世界大戦中は陸軍予科士官学校、戦後は米軍のキャンプ地に使用された土地を、1990年6月に大泉中央公園として開園。10万㎡の広々とした敷地は、おもに西側が樹木の茂るエリア、東側がスポーツエリアとなっている。木立に囲まれやや秘密めいたアスレチックエリアには、平均台やうんていなどの遊具が、その隣の太陽が差し込む明るい広場には、砂場や滑り台、ブランコなどの遊具が点在。子どもたちに大人気なのは競技場の隣にあるソリゲレンデだ。蝶の再生・保護活動にも積極的に取り組んでおり、園内では25種以上の蝶が確認されている。

遠山式判定

はう・くぐる
のぼる・おりる
はしる
ぶらさがる
とぶ
おす・ひく
のる
そうさする
まわる
ほる
およぐ
わたる

PARK DATA

ボール遊び	○
スケボー	×
花火	×
ペット	○
おむつ替え	○
授乳室	○
園内売店	×
園内飲食店	×
周辺コンビニ	徒歩1分
周辺ファミレス	徒歩1分

大型公園

所要 4時間

くたくた度 ★★★★☆

適齢 1〜10歳

【アクセス】
東武線成増駅・西武線大泉学園駅からバスで、バス停長久保またはバス停大泉中央公園下車すぐ

駅内EV ○

☎03-3867-8096
住 練馬区大泉学園町9 料 時 休 入園自由
P 64台（1時間200円、以後30分100円）
面積 103,000㎡
MAP P190F1

運動能力が伸びる！ 遊具はコレ

Editor's Voice

東には大泉さくら運動公園が、北には埼玉県営和光樹林公園がある広大な緑のエリア！

ソリゲレンデ

人工芝が敷かれたゲレンデ。ソリやダンボールなどを持参して。何度も上るので運動量も多くなる。

夏場のじゃぶじゃぶ池。大泉の名にふさわしい清々しい景観だ

平行棒

両腕を使うことで腕や上半身の筋肉を使う遊具。平均台のように歩いてみても!?

木のトンネル

よじ登ってよし、くぐってよしの丸太のトンネル。かくれんぼにも威力を発揮する。

汽車の乗り物

動くわけではないが子どもたちに人気の遊具。暑い日には中で涼をとる子どもも。

平均台

高さが低いので平均台デビューに最適。またがって進んだり、親と手をつないだり。

砂場

広場の中央には広い砂場がある。すぐ近くに屋根付きのベンチがあるので親に優しい！

滑り台

シンプルな滑り台だがやっぱり楽しい。繰り返し上って滑って、全身を使って満喫しよう。

まだある！ 注目POINT

野鳥の森

雑木林のなかに造られた遊歩道。ウグイス、シジュウカラ、エナガ、カモなど四季折々の野鳥の姿を探そう。

遊歩道

広々とした園内の遊歩道は自転車などの練習にもぴったり。ヘルメットを着用し、スピードの出しすぎには注意。

芝生広場

ピクニック気分が満喫できる小高い丘と青々とした芝生が爽快な広場。凧揚げなどにチャンレジしてみても。

競技場

400mのトラックを有する球技場。利用は予約制で有料。休日はサッカーやラグビーなどの試合で賑やか。

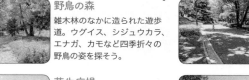

石神井公園《しゃくじいこうえん》

喧噪から離れて池のほとりの公園へ

石神井池と三宝池、2つの池を中心に豊かな自然に包まれた公園。池の周囲には遊歩道が整備され、国の天然記念物である沼沢植物群落や、石神井城跡などの見どころを巡りながら散策を楽しむことができる。鬱蒼と茂る木々のなかには、子どもたちが楽しめるスポットが点在。アスレチック広場はおもに10歳くらいの子ども向けの遊具が、くぬぎ広場は砂場やブランコなど幼児が遊べる遊具が揃っている。またジョウビタキ、カワセミ、アオサギなど、年間130種もの野鳥が訪れる観察スポットとしても知られ、野鳥図鑑を片手に四季折々の鳥を探してみるのもいい。

遠山式判定

はう・くぐる
のぼる・おりる
はしる
ぶらさがる
とぶ
おす・ひく
のる
そうさする
まわる
ほる
およぐ
わたる

PARK DATA

ボール遊び（柔らかいもの）	○
スケボー	×
花火	×
ペット	○
おむつ替え	○
授乳室	○
園内売店	○
園内飲食店	○
周辺コンビニ	徒歩3分
周辺ファミレス	×

大型公園

所要 3時間

くたくた度 ★★★★★

適齢 1〜10歳

【アクセス】
西武線石神井公園駅から徒歩7分

駅内EV ○

☎03-3996-3950

住 練馬区石神井台1・2、石神井町5

料 時 休 入園自由

P 70台（1時間400円、以後30分200円）

面積 225,650㎡

MAP P190F1

Editor's Voice

金曜午前、くぬぎ広場で3歳以下を対象に外遊びワークショップと子育て相談会を開催(祝日は休み)。

運動能力が伸びる！ 遊具はコレ

横わたりパイプ

張り巡らされたパイプを上手に使って、地面に足をつけずにわたりきってみよう。

複合遊具

2つの滑り台とネットラダーなどを備える。多彩なアプローチができ、幅広い層に人気。

うんてい

全体重を手と腕で支えるうんていは、腕力や握力だけでなく全身運動にもなる。

ジャングルジム

一番下はパイプのない部分があるので、上れない幼児でも迷路のように楽しめる。

ミニターザンロープ

小型のターザンロープだがやはり人気。タイミングを計って上手に飛び乗ろう。

ラバーステップ

高さの違うステップの上を飛んで渡ってみよう。幼児ならよじ登るだけでも運動になる。

1934年に水路をせき止め誕生した石神井池。ボート遊びが楽しめる

スプリング遊具

3人で楽しめるスプリング遊具。造形が魅力的なのかいつも大人気。

ブランコ

ブランココーナーはくぬぎ広場など園内に3カ所ある。順番に使おう。

まだある！ 注目POINT

ボート

料30分600円～ 時9時30分～17時(11～2月は10～16時) 休木曜(12～2月は土・日曜、祝日のみ営業)。詳細はHP参照。

木道

三宝寺池のまわりには木道が整備されている。バリアフリーなので、ベビーカーでもOKなのがうれしい。

厳島神社

三宝池の南側池畔には厳島神社、穴弁天、水神社が並んでいる。いずれも水にまつわる神を祀ったものだ。

練馬区立石神井公園ふるさと文化館

公園隣接の、区の歴史や文化が学べる施設。時9～18時 休月曜(祝日の場合は翌日) 料常設展無料

戸山公園《とやまこうえん》

箱根山 登山口
ようこそ
箱根山へ
メインスポットの箱根山のふもと。頂上からは新宿の高層ビルが一望

箱根山の箱根山地区と遊具のある大久保地区

広大な戸山公園は、明治通りを挟んで2つのエリアに分かれる。東側の「箱根山地区」は、山手線内で一番高い箱根山を中心に、緑や季節の花に溢れ、夏場はじゃぶじゃぶ池で水遊びを楽しむことができる。西側の「大久保地区」は、遊具が豊富。小さな子も安心して遊べる「幼児コーナー」や小学生が思いきり遊べる「子供の広場」、健康遊具が集まる「ジョギング広場」など、年齢に合わせてエリア分けされている。子どもと遊ぶなら大久保地区がおすすめ。公園全域はかなり広いので、全てまわるなら時間があるときに行こう。ポイントを絞って訪れるのもあり。

遠山式判定

はう・くぐる
のぼる・おりる
はしる
ぶらさがる
とぶ
おす・ひく
のる
そうさする
まわる
ほる
およぐ・もぐる・うく
わたる

PARK DATA

ボール遊び	△(条件あり)
スケボー	×
花火	△(場所限定、要申請)
ペット	△(リードなし不可)
おむつ替え	○
授乳室	×
園内売店	×
園内飲食店	×
周辺コンビニ	徒歩すぐ
周辺ファミレス	×

大型公園

所要 4時間

くたくた度 ★★★★★

適齢 3〜12歳

【アクセス】
地下鉄西早稲田駅から徒歩6分(大久保地区)、徒歩8分(箱根山地区)

駅内EV ○

☎03-3200-1702

住 新宿区戸山1・2・3、新宿区大久保3

料 時 休 入園自由

P なし

面積 186,471㎡

MAP P189B2

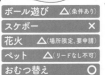

運動能力が伸びる！ 遊具はコレ

Editor's Voice

JR新大久保駅や高田馬場駅からも徒歩圏内。お散歩がてら行ってみて。

箱根山（箱根山地区）

階段を上り、いざ頂上へ。山自体はわずか44.6mと低いので、数分で登ることができる。

じゃぶじゃぶ池（箱根山地区）

夏休みに解放。幼児〜未就学児とその保護者が利用できる。水着着用でおむつは不可。

アスレチック広場（箱根山地区）

複合遊具などの遊具が5つほどある。対象年齢は複合遊具が3〜6歳、ほかは6〜12歳。

児童コーナー（箱根山地区）

箱根山を降りると、ブランコや複合遊具がある広場が。クッション性のある地面で安全。

ジョギング広場B（大久保地区）

明治通り沿いの入口から小道を進むと左手にあるエリア。健康系の遊具が3つほど並ぶ。

幼児コーナー（大久保地区）

3〜6歳対象の滑り台やスプリング遊具、砂場など小さな子が楽しめる。付近にトイレも。

子供の広場（大久保地区）

くぐれる丸太やボルダリング付きの滑り台など、低年齢用のコンクリートの遊具が並ぶ。

のびのび広場（大久保地区）

自然の中で工作も楽しめる住民団体運営のプレイパークが開催されることもある。

子供の広場（大久保地区）

新大久保駅に近い入口「子供の広場口」すぐ。砂場やブランコ、鉄棒など定番遊具がある。

ココも嬉しい！

立ち寄りSPOT

バナナリーフに包まれたカレー

アプサラ レストラン&バー《あぷさら　れすとらんあんどばー》

アーユルヴェーダに基づいたスリランカ料理。バナナの葉を開いたら、約10種類の具材とカレーをよ〜く混ぜてから召し上がれ。紅茶大国のミルクティーもぜひ。

☎03-6205-5252
㊟新宿区西早稲田3-19-1 いせかねビル
㊇地下鉄西早稲田駅から徒歩6分
㊐11時30分〜22時30分 ㊡無休 Ⓟなし

まだある！ 注目POINT

箱根山のふもと（箱根山地区）

豊かな緑が生い茂り、自然といっぱい触れあうチャンス！　高低差が多いので、小さな子は保護者と手繋ぎで。

箱根山の頂上（箱根山地区）

頂上は展望スペースとなっている。公園のサービスセンターを訪問し、申告すると、登頂証明書を発行してもらえる。

花の広場（箱根山地区）

箱根山のふもとには「花の広場」があり、美しい季節の花々をゆっくりと散歩しながら楽しむことができる。

やくどうの広場（大久保地区）

広々としたゴムチップ舗装の広場で、小学生や親子連れで賑わう。近くにはトイレや自動販売機もある。

おとめ山公園《おとめやまこうえん》

森の中を駆け回り 自然観察を楽しもう

江戸時代、将軍家の狩猟場であり、立入禁止をさす御留(おとめ)山と呼ばれた。落合崖線の傾斜を生かした高低差のある公園には、コナラやクヌギなど、約100種3000本もの木々があり、都心とは思えないほど自然豊か。新緑、紅葉など季節による景観の変化も楽しみだ。「東京の名湧水57選」の湧水池ではメダカやカエル、ザリガニなどに出合えることもあり、自然観察もおすすめ。遊具は「みんなの原っぱ」に幼児向けの滑り台やロッキング遊具があるのみだが、走り回れるフリースペースや、土の感触が楽しい散策路など、自然との触れ合いを体験できる。

遠山式判定

はう・くぐる
のぼる・おりる
はしる
ぶらさがる
とぶ
おす・ひく
のる
そうさする
まわる
ほる
およぐ
わたる

PARK DATA

ボール遊び	×
スケボー	×
花火	×
ペット	○
おむつ替え	○
授乳室	×
園内売店	×
園内飲食店	×
周辺コンビニ	徒歩1分
周辺ファミレス	×

児童公園

所要 3時間

くたくた度 ★★★★★

適齢 3～10歳

【アクセス】
JR・地下鉄・西武線高田馬場駅から徒歩7分
駅内EV ○

☎なし
㊟新宿区下落合2-10
料無料 時7～19時(10～3月は～17時)
休無休 Pなし

面積 27,566m^2

MAP P189B2

運動能力が伸びる！ 遊具はコレ

ミニシーソー

ロッキング遊具の仲間で、向かい合ってシーソーのようにして遊ぶ。

滑り台

シンプルな滑り台。幼児向けだが、階段の角度がややきつめなので、しっかり足を上げよう。

パイプクライム

上る、ぶら下がる、座る、渡る、飛ぶなど、さまざまな動きをしながら遊べる。

ロッキング遊具

ウサギの背中に乗ってゆらゆら揺らして遊ぶ。小さな子どもの力でも揺らしやすい。

木々が生い茂っているので、夏でも木陰がたくさん

Editor's Voice

木々に囲まれ水辺が多いため虫刺されに注意。虫除けスプレーの用意を。

まだある！ 注目POINT

ホタル舎

湧水を活用したヘイケボタルの飼育所。かつて公園周辺がホタルの名所だったことから飼育されている。

弁天池

公園の湧水が集まる大きな池。天気の良い日はカメの甲羅干しやカモを見ることができる。ひと休みできる東屋も。

林間デッキ

遊具がある「みんなの原っぱ」と「ふれあい広場」を結ぶデッキ。樹木の中を散策するのは気持ちいい。

谷戸のもり

長さ約90mの谷の周りに樹木や野草が植栽されたエリア。おとめ山通り側には桜があり、春は花見が楽しめる。

林間広場

公園西側の高台に広がる樹木に囲まれた広場。東屋やベンチもあるので、のんびり森林浴できる。

ココも嬉しい！

立ち寄りSPOT

バインミーブームの火付け役

バインミー★サンドイッチ《ばいんみーさんどいっち》 高田馬場店《たかだのばばてん》

ベトナムのサンドイッチ、バインミー専門店。オリジナルのバゲットや食材を組み合わせ、約10種類のメニューを提供する。ミニサイズ330円～があるのもうれしい。

☎03-5937-4547
㊟新宿区高田馬場4-9-18
㊋JR高田馬場駅から徒歩2分
㊡10時30分～19時 ㊡無休 Ⓟなし

代々木公園《よよぎこうえん》

原宿門側の広場にある「とけい塔」
待ち合わせ場所としても有名

都会のど真ん中で浴びるマイナスイオン

東京都の代表的な公園の一つともいえる代々木公園。原宿と渋谷にまたがるという超都心にあることを忘れるほど、緑がいっぱい。遊具こそないが、子どもが楽しめる要素はたくさん！　なかでも注目は、参宮橋門近くの「サイクリングセンター」。大人用・子ども用自転車のほか、子ども乗せ自転車や親子で一緒に乗れる「タンデム(2人乗り)」など、さまざまな自転車をレンタルできる。練習場もあり、大人用コースと子ども用コースが分かれているため、自転車練習中のキッズは安心して練習ができる。予約不可。週末は混み合うので平日に訪れるのがオススメ。

遠山式判定

はう・くぐる	のぼる・おりる	はしる
ぶらさがる	とぶ	おす・ひく
のる	そうさする	まわる
ほる	およぐ・[illegible]	わたる

PARK DATA

ボール遊び	○
スケボー	×
花火	△（条件あり）
ペット	○
おむつ替え	○
授乳室	○
園内売店	○
園内飲食店	×
周辺コンビニ	徒歩3分
周辺ファミレス	×

大型公園

所要 4 時間

くたくた度 ★★★★★

適齢 1〜12歳

【アクセス】
JR原宿駅、地下鉄代々木公園駅・明治神宮前駅から各徒歩3分

駅内EV ○

☎03-3469-6081
住 渋谷区代々木神園町、神南2
料 時 休 入園自由
P 65台（1時間600円、以後30分300円）
面積 540,529m^2
MAP P189B3

運動能力が伸びる！ 遊具はコレ

レンタル自転車（児童用）

14～27インチの自転車をレンタルできる。収容台数はなんと225台！料金は1時間210円。

レンタル自転車（幼児用）

自転車練習中の子にもってこいの補助輪付きの自転車も。1時間100円と、かなりおトク。

サイクリングコース

一般と子ども用の２コースがある。子ども用コースは広くて高低差もなく練習に最適。

小高い山

参宮橋門から入ったあたりはとくに小高い山が多い地形。走り回るだけでも運動になる。

切り株

雑木林のあちこちに見られる切り株。小さな子が上からジャンプするのにちょうどいい。

雑木林

中央広場周辺は見通しのよい雑木林がまわりを囲む。安全に留意してかくれんぼも楽しい。

ランニングコース

中央広場を囲む1.15kmの距離のコース。子どものかけっこの練習やパパやママの運動にも。

パノラマ広場

原宿門から入ってすぐのパノラマ広場では広々とした芝生の上でボール遊びを楽しめる。

松ぼっくりやどんぐり

雑木林にはいろいろな実がおちている。拾い集めて工作の材料として持ち帰るのもアリ。

Editor's Voice

遊具がないため、ボールやシャボン玉、レジャーシートを持っていくとより楽しめます！

ココも嬉しい！

【立ち寄りSPOT】

本場の玉子タルトはサクサク！

NATA de Cristiano《なた で くりすちあの》

ポルトガルの玉子タルト専門店。人気のパステル・デ・ナタ230円は甘さの中にも塩気を感じるクリームたっぷり。エンパーダ・デ・フランゴ(チキンパイ)242円もおすすめ。

☎03-6804-9723 住渋谷区富ケ谷1-14-16-103 交小田急線代々木八幡駅または地下鉄代々木公園駅から徒歩3分 時10時～19時30分 休無休 Ⓟなし

まだある！ 注目POINT

売店

飲食物のほか、ボールやラケット、シャボン玉など芝生で遊べる簡易なおもちゃが売られている。

展望休憩舎

参宮橋門側にある展望台に併設されたカフェ。フラッペやソフトクリームもあるので自転車練習のひと休みに！

閲兵式の松

かつて陸軍の練習場だった時代に天皇陛下が傍らに立たれたとされる、高さ約12m、幹周り約2.5mの立派な黒松。

オリンピック記念宿舎

代々木公園は、1964年の東京オリンピックの際の選手村の跡地でもあった。当時オランダの選手が利用した宿舎。

オリンピック記念塔が立つ、約2万㎡の広さを誇る中央広場

駒沢オリンピック公園《こまざわおりんぴっくこうえん》

木々に囲まれた公園には ユニークな遊具が勢揃い

1964年の東京オリンピックの第2会場として建設され、大会終了後に一般公開された大型公園。ケヤキをはじめ、コブシやサクラなど大樹が多く、散策するだけでも気持ちがいい、自然豊かな空間も魅力のひとつだ。広大な園内には樹木に囲まれた児童公園が3カ所あり、それぞれ「りす」「ぶた」「うま」の名称がついている。各動物にちなんだ遊具のほか、ブランコやジャングルジムなど定番の遊具もある。ほかに幼児専用のサイクリングコース、ボール遊びや走り回れる自由広場などもあり、幼児から小学生まで、体力に応じて楽しめる場所があるのがうれしい。

遠山式判定

はう・くぐる	のぼる・おりる	はしる
ぶらさがる	とぶ	おす・ひく
のる	そうさする	まわる
ほる	およぐ・もぐる・うく	わたる

PARK DATA

ボール遊び	○
スケボー	×
花火（期間限定）	○
ペット	○
おむつ替え	○
授乳室	×
園内売店	○
園内飲食店	○
周辺コンビニ	徒歩1分
周辺ファミレス	×

大型公園

所要 4時間

くたくた度 ★★★★★

適齢 1〜10歳

【アクセス】
東急線駒沢大学駅から徒歩15分
駅内EV ○

☎03-3421-6431（駒沢オリンピック公園管理所）

住 世田谷区駒沢公園1-1 料 時 休 入園自由（一部有料施設あり）P 448台（1時間400円、以降30分毎に200円）

面積 413,573m^2

MAP P189A3

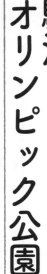

運動能力が伸びる！ 遊具はコレ

タイコ橋

波打つ形状のタイコ橋。途中、アーチをくぐるので難易度が高く小学生向け。（りす公園）

ボルダリング

りす公園にちなんで傾斜の壁の突起はどんぐり、葉っぱ、リスになっている。（りす公園）

プレイウォール

丸や四角の穴をくぐったり、壁を上ったりして遊ぶ。（りす公園）

ブランコ

1人で乗れない小さな子どもも遊べるバスケット型。平らなシートもある。（ぶた公園）

飛び石

バランスをとりながらカラフルな石をぴょんぴょん飛んでいく。（ぶた公園）

ブタ型滑り台

ブタの鼻やお尻が滑り台で、高さや幅が異なる。お腹はトンネルと階段。（ぶた公園）

滑り台

上って滑るのみのシンプルな滑り台。定番の滑り台があるのはうま公園だけ。（うま公園）

コンクリートプレイスポット

はしごが付いた円錐台。上ったり下りたり、カップの中に入って遊んだりできる。（うま公園）

プレイウォール

トンネルをくぐったり、壁に空いた丸や四角の穴から顔を出したりして遊ぶ。（うま公園）

Editor's Voice

渋谷、恵比寿などから東急バスが運行。公園すぐそばにバス停があるので便利です。

ココも嬉しい！

【立ち寄りSPOT】

特製ドリンクとフライドポテト

BROOKLYN RIBBON FRIES KOMAZAWA《ぶるっくりん りぼん ふらい こまざわ》

６種のスパイスで作るジンジャーエールと、ら旋状にカットされるフライドポテト、リボンフライの専門店。

☎03-6413-8185 住目黒区東が丘2-14-11 交東急線駒沢大学駅から徒歩7分 時11～17時（16時30分LO）、18時～22時30分（21時30分LO） 休月曜 Pなし

まだある！ 注目POINT

チリリン広場

3歳以下専用の補助輪付き自転車の練習場。1周約160m。料1時間100円 時9時～16時30分（貸出しは～16時） 休月曜

ストリートスポーツ広場

スケートボード、インラインスケート、BMXが利用できる専用の広場。小学生以下の利用は要保護者同伴。

ドッグラン

小型犬と中・大型犬の2エリアがあり、愛犬連れにもうれしい。利用には事前申請が必要。りす公園の近くにある。

ジャブジャブ池

夏期限定の水遊び場。深さの異なる池があり、中央には噴水も。日陰がほとんどないので暑さ対策を。※2021年は中止

羽根木公園《はねぎこうえん》

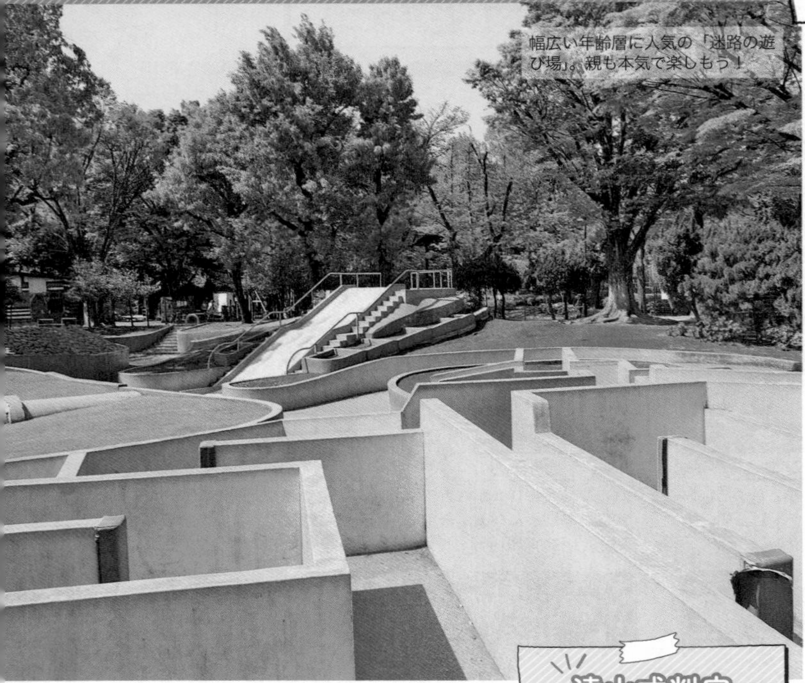
幅広い年齢層に人気の「迷路の遊び場」。親も本気で楽しもう！

思考力と判断力を迷路の遊びで高める

小高い丘に造られた、区内有数の花の名所。東京都によって1956年に開設され、1965年に世田谷区の管理になった歴史ある公園だ。最もユニークなのは管理事務所裏にある迷路の遊び場。コンクリート壁で仕切られた迷路で、曲がり角には緩衝材がついているなど、ケガ防止への配慮がうれしい。さらに突起物の付いた滑り台や土管のトンネル、棒が張り巡らされた通路など、一筋縄では攻略できないスポットが盛りだくさん。さらに児童遊園と日本で最も古いプレーパークがある公園なので、休日には一日中園内で遊んでいるキッズが多いのも納得！

遠山式判定

はう・くぐる
のぼる・おりる
はしる
ぶらさがる
とぶ
おす・ひく
のる
そうさする
まわる
ほる
わたる

PARK DATA

ボール遊び	○
スケボー	×
花火	×
ペット	○
おむつ替え	○
授乳室	△（要問合せ）
園内売店	○
園内飲食店	×
周辺コンビニ	徒歩1分
周辺ファミレス	×

大型公園

所要 3 時間

くたくた度
★★★★☆

適齢 4〜10歳

【アクセス】
小田急線梅ヶ丘駅から徒歩5分。または京王線東松原駅から徒歩7分

駅内EV ○

☎03-5431-1822
㊟世田谷区代田4-38-52 料時休入園自由 Ⓟ32台

面積 79,650m^2

MAP P189A3

運動能力が伸びる！ 遊具はコレ

迷路

壁の高さは約1～1.5m。出入口は複数あるので、未就学児でも一人で自由に出入りできる。

石の滑り台

長さは7mほど。滑る面がデコボコしているので、どのルートでいくか、ちょっと頭も使う。

トンネル

大きさは子ども１人くぐるのがやっと。どんな体勢で通るのがいいか判断力が養われそう。

棒の通路

単純な構造だが、のぼったり、くぐったり、ぶらさがったり、楽しみ方はその人次第！

グローブジャングル

児童遊園内にある回転遊具。目いっぱい走って回して、遠心力に身を任せてみよう。

滑り台

地上からの高さが約1mの幼児用と、約1.6mの学童用がワンセットになっている。

砂場

児童遊園内で、さらにフェンスに囲まれている。遊びグッズを持参して来よう。

リンク遊具

１人乗り(3～6歳用)が２台のほか、3人が一緒に乗れる犬型のロッキンパピーもある。

ミニドーム

小さなふわふわドーム。乳幼児向けで、四つん這いでのぼったり、滑り下りたりできる。

Editor's Voice

京王井の頭線東松原駅からも徒歩圏内。２駅使えて便利です！

ココも嬉しい！

【立ち寄りSPOT】

ふわふわのパンケーキに♥

FLAKE cafe & bar《ふれーく かふぇ あんど ばー》

１枚ごと丁寧に手焼きされるパンケーキが話題。おすすめは、ふわふわ生地の中から自家製のチョコソースあふれだす「濃厚チョコレートパンケーキ」。

☎03-5799-7891
㊟世田谷区梅丘1-22-12 小泉ビルB1
㊋小田急線梅ケ丘駅から徒歩1分
㊍11時30分～23時 ㊡木曜 Ⓟなし

まだある！ 注目POINT

樹木広場

公園のほぼ中央に位置する土の広場。冬場は凧あげを楽しめるほか、4月下旬～5月上旬は鯉のぼりが空を泳ぐ。

球戯広場

フェンスで囲まれた、ボールで遊べる多目的エリア(硬い球はNG)。バスケットボールのゴールも１つある。

梅林

さまざまな種類の梅が約650本植樹されている。花が咲き始める２月中旬には「せたがや梅まつり」が催される。

はらっぱ広場

梅ヶ丘駅口すぐ、梅林に隣接する草の広場。緩やかな傾斜がついていて、自由に走るちびっこの姿が見られる。

下高井戸おおぞら公園《しもたかいどおおぞらこうえん》

大きな広場とネット遊具で大満足！

2017年に開園した区立公園は「大空のもと、みんなのびのび、安全安心な広場」がコンセプト。周囲に高い建物がないので、園内は開放的だ。敷地の大半を占める広々とした「憩いのはらっぱ」では、走り回ったり、寝ころんだり、思いっきり体を動かして遊ぶことができる。この広場ではレジャーシートを敷いてピクニックもできるが、日陰が少ないので、夏場は熱中症や日焼けなどの対策はしっかりしよう。「子ども遊びエリア」には、年齢や体力に合わせて楽しめる遊具があり、なかでも幼児用と児童用の難易度が異なる巨大なネット遊具が人気を集めている。

遠山式判定
はう・くぐる
のぼる・おりる
はしる
ぶらさがる
とぶ
おす・ひく
のる
そうさする
まわる
ほる
およぐ
わたる

PARK DATA

ボール遊び	△（条件あり）
スケボー	×
花火	×
ペット	○
おむつ替え	○
授乳室	○
園内売店	×
園内飲食店	×
周辺コンビニ	徒歩3分
周辺ファミレス	×

児童公園

所要 2時間

くたくた度 ★★★☆☆

適齢 3〜10歳

【アクセス】
京王線桜上水駅から徒歩8分。または京王線永福町駅・西永福町駅から徒歩10分

駅内EV ○

☎03-3321-5022（管理事務所）

住 杉並区下高井戸2-28-23

料 時 休 入園自由（管理事務所は9〜17時）

P なし

面積 30,417m²

MAP P189A3

Editor's Voice

授乳室やトイレがある管理棟2階へはエレベーター完備なのでベビーカーでも安心。

運動能力が伸びる！ 遊具はコレ

丸太遊具

丸太の吊り橋を渡ったり、丸太の階段を上り下りしたり、アスレチック感覚で遊ぶ。

ネット遊具

ネットが張り巡らされ、上り下りしたり、寝転んだり、飛び跳ねたりして遊べる。

象形遊具

ウサギとカメの形をした遊具。動かないので小さな子どもでも乗って楽しめる。

ロッキング遊具

ワンちゃんがモチーフの3人乗り用のロッキング遊具。小さな子どもに人気。

鉄棒

高さは幼児用と児童用の2種類。幼児向けの高さでは、逆上がりの練習がしやすそう。

平均台

カーブを描く平均台は歩く部分が平らではなく丸い棒なので、かなり難易度が高い。

開放感たっぷりの「憩いのはらっぱ」

ココも嬉しい！

立ち寄りSPOT

地域に愛されるケーキやデリ

Noliette《のりえっと》

フランスで修業したオーナーシェフが人々の食生活に深く関わる店にしたいと、ケーキや総菜、パンも作るフランス菓子店。ひと休みにぴったりなティールームも併設。

☎03-3321-7784
住世田谷区赤堤5-43-1
交京王線下高井戸駅から徒歩3分
時10〜19時 休火・水曜 Pなし

まだある！ 注目POINT

休憩スペース

管理棟の2階にあり、3面がガラス張りで公園を一望できる。テーブルとイスがあるので弁当を持参すればランチも。

流れ

夏期のみ利用できる小さな水遊びスペース。浅いので小さな子ども利用できるのがうれしい。

外部トイレ

管理棟の外に設置された24時間利用できるトイレ。掃除が行き届いており、補助便座が用意されているのもポイント。

ロックガーデン

窪地に自然石を配置し、地被類や芝生、エゴノキやシデコブシなどの樹木を植えた憩いのスペース。

祖師谷公園《そしがやこうえん》

広い砂場が魅力的！自然な遊びを楽しもう

閑静な住宅街の一角に整備された、1975年開園の都立公園。桜並木が見事な仙川の東側には「子供の遊び場」と運動広場、西側の傾斜地には「はらっぱ広場」をはじめとする自然豊かなエリアが広がる。特筆すべきはまるで要塞のような「子供の遊び場」。幅広な滑り台を下りた先には、赤い汽車が鎮座する砂場が広がっている。最大幅は15m程度、長さもその倍はあるので、砂浜で遊んでいるのも同然。山や城を築いたり、溝を掘って水を流したりと、親子で没頭できる。砂遊びに飽きてきたら「はらっぱ広場」を駆け回ったり、湧水池でいきもの観察を楽しもう。

遠山式判定

はう・くぐる
のぼる・おりる
はしる
ぶらさがる
とぶ
おす・ひく
のる
そうさする
まわる
ほる
およぐ
わたる

PARK DATA

ボール遊び	○
スケボー	×
花火	×
ペット	○
おむつ替え	○
授乳室	△（要問合せ）
園内売店	×
園内飲食店	×
周辺コンビニ	徒歩3分
周辺ファミレス	徒歩5分

大型公園

所要 3 時間

くたくた度 ★★★☆☆

適齢 3〜10歳

【アクセス】

小田急線成城学園前駅または京王線千歳烏山駅からバスで、バス停駒大グランド前下車、徒歩1分

駅内EV ○

☎03-5384-1693

住 世田谷区上祖師谷3-22-19

料 時 休 入園自由

P 11台

面積 93,372㎡

MAP P190F2

Editor's Voice

公園の駐車場は台数が少なくすぐ埋まります。徒歩またはバス利用がおすすめ。

運動能力が伸びる！ 遊具はコレ

滑り台

見た目より斜度がありスピードが出やすいので、未就学児は最初一緒に滑ってあげよう。

汽車の遊具

デンマークの遊具メーカー「コンパン」社製。ごっこ遊びはもちろん、かくれんぼも楽しい。

複合遊具

子供の遊び場にある幼児用遊具(3〜6歳向け)。ハンドルや回す仕掛けが付いている。

ブランコ

昔ながらのシンプルな仕様。座面が高めなので、乳幼児は保護者がサポートしてあげよう。

複合遊具(西側)

「はらっぱ広場」横の遊戯広場に設置。ロープを使って壁を上ると、ひく運動につながる。

滑り台(東側)

鞍橋側の遊戯広場にある凸凹滑り台。階段の反対側はクライミングウォールになっている。

ダイナミックな遊びができる砂場。走るだけでもいい運動に！

ココも嬉しい！

〖立ち寄りSPOT〗

個性的なドーナツに出合える

ドーナツ工房レポロ《どーなつこうぼうれぽろ》

青い外壁にオレンジ色のシェードが目印。極力油を使わずに作るドーナツは、いちじくとクリームチーズ(245円)など、他では味わえないフレーバーが多い。

☎03-6382-9120
㊟調布市仙川町1-12-2 YSテラス1F
㊫京王線仙川駅から徒歩3分 ㊐10時30分〜20時 ㊡日・月曜 Ⓟなし

まだある！ 注目POINT

はらっぱ広場

開放的な芝生広場で、もともとは旧教育大学農場跡地。自然の樹形を保ったコナラなど、気持ちのよい木陰が随所に。

湧水池

いきもの観察に最適な水辺(水遊びは不可)。世田谷名木百選に選ばれた、樹高37mのカロリナポプラも見事。

子供の運動広場

フェンスに囲まれた多目的広場で、ボール遊びができる(硬球は不可)。バスケットゴールも2つ設置されている。

里帰りの桜

ワシントンから寄贈されたサクラを1990年に植樹。例年4月には「さくらフェス」が開催されている。

和田堀公園《わだぼりこうえん》

「ワンパク広場」の一角に設置された大型遊具はハマり度が高い

個性的な大型遊具が広範囲に点在！

大きく蛇行する善福寺川に沿って整備された都立の防災公園で、白山前橋より下流、武蔵野橋までの約2kmを占める（上流は都立善福寺川緑地）。帯状に長い公園のため、遊具のある広場は園内数カ所に点在する。なかでも起伏に富んだ原っぱが魅力の「ワンパク広場」には、ターザンロープや大きな滑り台など人気の遊具がある。さらに第二競技場横には2階建ての複合遊具、「はらっぱ広場」にはザイルクライミングとボルダリングを掛け合わせた遊具など、わくわくする遊びがめじろ押し。遊び飽きたら次の広場へ……と、転々としながらお気に入りを探そう。

遠山式判定

はう・くぐる	のぼる・おりる	はしる
ぶらさがる	とぶ	おす・ひく
のる	そうさする	まわる
ほる	およぐ	わたる

PARK DATA

ボール遊び	○
スケボー	×
花火	×
ペット	○
おむつ替え	○
授乳室	×
園内売店	×
園内飲食店	×
周辺コンビニ	×
周辺ファミレス	×

大型公園

所要 4 時間

くたくた度 ★★★★☆

適齢 4〜10歳

【アクセス】

京王線西永福町駅から徒歩15分。または京王線永福町駅・JR高円寺駅からバスで、バス停都立和田堀公園下車、徒歩1分

駅内EV ○

☎03-3313-4247
（善福寺川緑地サービスセンター）

住 杉並区成田西1-30-27

料 時 休 入園自由

P 第一 15台／第二47台（いずれも有料）

面積 260,503m²

MAP P189A2

運動能力が伸びる！ 遊具はコレ

Editor's Voice

ワンパク広場からはらっぱ広場まで、大人の足で15～20分はかかります。

ターザンロープ

全長19m程度のまっすぐタイプ。保護者がサポートすれば、未就学児の滑走も問題ない。

滑り台

長さは9m程度。幅が広く、待ち時間は少なめ。未就学児は親子一緒に、並んで滑って。

複合遊具

滑り台下にあるUFO形の遊具で、中央は六面の昇降ネット。かがんで中に入っても楽しい。

スプリング遊具

「ワンパク広場」横に設置。3～6歳向け。押したり引いたりして、やさしく揺らそう。

複合遊具

場所は第二競技場横。2階建ての遊具が6つ連なり、森の中の秘密基地のような雰囲気。

複合遊具（幼児用）

第二競技場の横にある。小さいながら、ネットやうんていで身体バランスが問われる。

複合遊具

小山広場の船形遊具。高さの違う2本の滑り台に加え、壁上りや舵輪回しを楽しめる。

複合遊具

はらっぱ広場の学童向け遊具。ロープや壁の昇降など、体のバランス感覚が養える。

複合遊具

2種類のクライミングウォールを備える。BBQの合間に遊ばせられる立地がうれしい。

ココも嬉しい！

【立ち寄りSPOT】

駅の真上から電車を眺めよう

京王リトナード永福町《けいおうりとなーどえいふくちょう》

京王井の頭線永福町駅の駅ビル。屋上庭園「ふくにわ」は、緑あふれる都会のオアシス。休憩スポットとして、デッキから井の頭線の電車をのんびり眺めるのにもぴったり。

☎042- 357- 6161（京王お客さまセンター） 住杉並区永福2-60-31 交京王線永福町駅からすぐ 時8～19時 休無休 Pなし

まだある！ 注目POINT

第一競技場

300mトラックのある広場（野球とゴルフは禁止）。利用詳細はサービスセンターに問い合わせを。

善福寺川の桜並木

2つの公園を合わせて約700本のサクラが植えられた、都内屈指の花見スポット。写真は宮木橋付近のサトザクラ。

和田堀池

通称ひょうたん池。たくさんの水鳥や、都心では珍しくカワセミが生息することから、バードウォッチャーに人気。

BBQ広場

水道と洗い場を備える。完全予約制。詳細はウェブサイトをチェック。

☎03-3313-4247時10～16時撤収

萩中の名所、ガラクタ公園。手前は2012年まで運行していた都電荒川線

萩中公園《はぎなかこうえん》

冒険心をくすぐる機関車や船が点在

プールや野球場、交通公園(P153もチェック!)など充実の施設を誇る大型公園。遊具は4カ所に配置され、なかでも子どもたちで賑わうのがガラクタ公園と呼ばれる広場。ジャンボ滑り台を囲むように蒸気機関車や都電、消防車、モーターボートなどが置かれ実際に乗ることができる。そのほか児童交通公園の周りに複合遊具や砂場、ブランコ、幼児向けの遊具広場などが点在。幅広い年齢層の子どもが遊んでいる。芝生広場ではレジャーシートを広げくつろぐ家族連れの姿が。5月上旬～10月上旬には流れる川や噴水に水が通され、水遊びも楽しめる。

遠山式判定

はう・くぐる	のぼる・おりる	はしる
ぶらさがる	とぶ	おす・ひく
のる	そうさする	まわる
ほる	およぐ・もぐる・うく	わたる

PARK DATA

ボール遊び	×
スケボー	×
花火	×
ペット	○
おむつ替え	○
授乳室	○
園内売店	×
園内飲食店	○
周辺コンビニ	徒歩2分
周辺ファミレス	×

大型公園

所要 3時間

くたくた度 ★★★★★

適齢 1～12歳

【アクセス】
京急線大鳥居駅から徒歩6分
駅内EV ○

☎03-5713-1118
住大田区萩中3-26-46 料入園無料（一部有料）
時休入園自由(ガラクタ公園は9～17時)
P44台（30分100円）

面積 64,000m²

MAP P189B4

運動能力が伸びる！ 遊具はコレ

Editor's Voice

インラインスケートやキックボードを練習できるローラースケート場も！

滑り台

ガラクタ公園の中央にあるジャンボ滑り台。スピードが出るので子どもたちの一番人気。

ボルダリング

ジャンボ滑り台の側面にはボルダリングが。反対側からはロープとタイヤを使って上れる。

吊り輪

吊り輪を伝い反対側へ。揺れを利用してリズミカルに移動しよう。ある程度の腕力が必要。

ブランコ

オーソドックスな4連のブランコ。サイズはすべて同じで、小学生でも楽しめる長さ。

バケットブランコ

幼児向けの遊具広場には2連のバケットブランコを用意。落ちる心配がないので安心。

複合遊具

交通公園のコース内にある複合遊具は滑り台やトンネル、ザイルクライミングを楽しめる。

複合遊具

幼児向け広場にある複合遊具は滑り台が2つ。階段のほかラダーやボルダリングで上れる。

ロッキング遊具

前後にスウィングするロッキング遊具は幼児に人気。平衡感覚がないと落ちるので支えて。

砂場

2カ所に砂場があり、円形の砂場は端が木陰になるのがうれしい。休憩用の椅子も用意。

ココも嬉しい！

【立ち寄りSPOT】

手軽に楽しむギリシャ料理
SPYRO'S《すぴろーず》

大使館関係者など常連に愛されるギリシャ料理の専門店。人気はラザニアの起源といわれるムサカ。ムサカのランチは前菜とピタパン、サラダがつき1300円で楽しめる。

☎03-6715-7629 住大田区蒲田5-7-6 3F 交JR蒲田駅から徒歩3分 時17～23時(21時40分LO、土・日曜、祝日は15時～)、ランチは11時30分～14時(13時30分LO) 休月曜 Pなし

まだある！ 注目POINT

蒸気機関車

1966年まで東武鉄道で走っていた蒸気機関車をはじめ都電荒川線の車両や消防車、トラックなどを展示。

池

池には入れないが、季節によってオタマジャクシなどの生き物が観察できる。夏季は流れる川とつながり噴水が出る。

芝生広場

レジャーシートやポップアップテントが立てられる広場。流れる川沿いにあり夏は賑やか。春は桜が咲き誇る。

プール

屋内外に6つのプールと2つのウオータースライダーを備えた人気の公営プール。屋外は夏休みシーズンのみオープン。

平和の森公園フィールドアスレチック《へいわのもりこうえんふぃーるどあすれちっく》

遊具には区の歴史や地名などにちなんだ名称がつけられている

丸太やロープを使った40種の遊具を制覇！

平和の森公園内、環状七号線をはさんだ南側のエリアにあるアスレチック。40種のアスレチック遊具は林の中に点在し、自然に包まれた冒険心がかきたてられる雰囲気。平均台やネット遊具などの簡単なものから、筋力と平衡感覚が必要な難度の高いものまであるので、小学生はもちろん中学生でも十分に楽しめる。木陰は多いが、40種を回り終えるころには汗だくに。また、池をフィールドにした遊具があり、ときどき落ちてビショ濡れの子どももいるので着替えは必須だ。アスレチック場で遊べるのは小学生以上だが、無料の幼児用アスレチック場が隣接している。

遠山式判定

はう・くぐる
のぼる・おりる
はしる
ぶらさがる
とぶ
おす・ひく
のる
そうさする
まわる
ほる
およぐ
わたる

PARK DATA

ボール遊び	×
スケボー	×
花火	×
ペット	×
おむつ替え	×
授乳室	×
園内売店	×
園内飲食店	×
周辺コンビニ	徒歩3分
周辺ファミレス	×

アスレチック施設

所要	3時間
くたくた度	★★★★★
適齢	小学生以上

【アクセス】
京急線平和島駅から徒歩10分
駅内EV ○

☎03-3766-1607
住 大田区平和の森公園2-1 料 高校生以上360円、小・中学生100円 時 9時30分～16時30分（最終入場15時） 休 月曜（祝日の場合は翌平日） P 186台（30分100円）

面積 10,000㎡
MAP P189B4

運動能力が伸びる！ 遊具はコレ

Editor's Voice

大きな荷物はロッカーに預けて。着替えには更衣室が利用できます。

ロープ&うんてい

前半はロープとリングを伝って横移動。後半は木にぶらさがり、うんていのように進む。

いかだわたり

池に浮かぶいかだをわたり戻ってくる。いかだが揺れるのでバランスをとりテンポよく！

つり橋

ゆらゆらと揺れる丸太のつり橋をわたる。ロープにつかまり、上手に体重を移動させよう。

たらい舟

大きなたらいに乗って、オールをこぎながらコースを一周。丸いので意外と小回りがきく。

水車まわし

丸太につかまって、足の力で巨大な水車を回す。濡れた水車は滑りやすいので注意して。

やぐら上り

大田区の木、クスノキと一体化した巨大なやぐらに上る。展望デッキからの眺めは爽快。

わたし舟

舟に乗り左右のロープをつかんで対岸にわたる。真っすぐ進むにはバランス感覚が必要。

すり鉢

巨大なすり鉢の斜面を落ちないように走って回ろう。ぐるぐる走って5周回れたら成功。

カゴわたし

ロープを編んだカゴに乗り、ロープをたぐりよせて向こう側まで行く腕力勝負の遊具。

ネットトンネル

ロープを編んだトンネルをくぐり抜ける。足場が柔らかく不安定なので進みにくい！

つり橋

ネットの筒を上ったら、丸太とネットのつり橋をわたり木の足場を使って地面に下りる。

丸太上げ

ロープを引っ張って、丸太の重りを持ち上げよう。丸太が落ちないように力を入れ続けて。

まだある！ 注目POINT

幼児用アスレチック

小学生未満が利用できる無料のアスレチックを併設。ネット遊具や滑り台で遊べる。9時30分～16時30分(月曜休み)。

平和の広場

約99,000㎡ある平和の森公園の広場は、走り回って遊ぶのに最適。レジャーシートを敷いてくつろぐ人の姿も。

流れる滝

5～9月頃の風物詩は、清らかな音をたてる滝。柱から噴き出た水は階段を流れ落ち、周辺はファミリーで賑わう。

ひょうたん池

ひょうたん池では梅雨明け頃にきれいな蓮の花が見られる。池ではヘラブナやタナゴなどが釣れる(魚はリリース)。

高井戸公園《たかいどこうえん》

好奇心をくすぐる彫刻のような遊具。空に浮かぶ雲をイメージ

大型公園

所要 2時間

くたくた度 ★★★★★

適齢 3〜6歳

【アクセス】
京王線富士見ヶ丘駅から徒歩4分

駅内EV ○

☎03-3331-1336

住 杉並区久我山2-19-43 料 時 休 入園自由 P なし

面積 59,321m^2

MAP P190F2

運動能力が伸びる！遊具はコレ

スカルプチュア遊具

大小6本の滑り台を備えた遊具。砂場も設けられ、遊具自体が涼しい影をつくる。

ジャングルジム

シンプルな箱型より上り下りに思考力が問われる半球形。対象年齢は6〜12歳。

リンク遊具

スプリングより揺れがやさしい。1人乗り2台のほか2人乗りも完備。

遠山式判定

おす・ひく
はう・くぐる
のぼる・おりる
はしる
そうさする
まわる
ぶらさがる
とぶ
ほる
わたる
のる

アートのような遊具が遊び心を刺激！

神田川と玉川上水に挟まれた帯状の緑地内にある公園。2020年6月に開園し、芝生広場と遊具が利用できる。園内で最も目を引くのは、白い入道雲を模した彫刻のような遊具。6つある滑り台は1つとして同じものがなく、上り下りだけでも体幹とバランス感覚が鍛えられる。

またある！注目POINT

電車ビュー

井の頭線の線路と車庫がフェンス越しに見える個所がある。車体がカラフルなので、鉄道ファンならずとも見ていて楽しい。

PARK DATA

ボール遊び	△（柔らかいもののみ可）
スケボー	×
花火	×
ペット	○
おむつ替え	○
授乳室	○
園内売店	×
園内飲食店	×
周辺コンビニ	徒歩3分
周辺ファミレス	×

蚕糸の森公園《さんしのもりこうえん》

通年流れのある貴重な涼スポット。
水が流れるのは毎日9～16時ごろ

Editor's Voice

高井戸公園の授乳室が使えるのは8時30分～17時30分。夜間は施錠されます。（高井戸公園）

蚕糸の森公園はレジャーシートが必須アイテム。芝生でピクニックを楽しんで！（蚕糸の森公園）

大型公園

所要 2時間

くたくた度 ★★★★★

適齢 4～6歳

【アクセス】
地下鉄東高円寺駅から徒歩2分
駅内EV ○

☎03-3315-7247
住 杉並区和田3-55-30 料 時 休 入園自由
P なし
面積 27,147m^2
MAP P189A2

運動能力が伸びる！遊具はコレ

いこいの広場

なだらかな傾斜のついた芝生の広場はペットNGとなっている。小さな子も安心！

流れ

ろ過循環させた水が通年流れる。上流は自然の岩場。サンダルを履いて遊ぼう。

複合遊具

青梅街道側の「遊びの広場」内。バナナ形滑り台は6歳以上が対象。

遠山式判定

緑と水のあふれる都心のオアシス

環七通りにも近い青梅街道沿いにありながら、自然が身近に感じられる憩いの場。農林水産省の蚕糸試験場の跡地が、公園と小学校の敷地へと再整備された学校防災公園だ。地元住民に人気は、芝生が一面に広がる「いこいの広場」と流れ。暑い日は流れに入り、水遊びも楽しめる。

PARK DATA

ボール遊び	△（条件あり）
スケボー	×
花火	×
ペット	○
おむつ替え	○
授乳室	×
園内売店	×
園内飲食店	×
周辺コンビニ	徒歩1分
周辺ファミレス	徒歩3分

まだある！注目POINT

温水プール

杉並第十小学校の設備が利用できる。
☎03-3318-8763
住 杉並区和田3-55-49 料 1時間250円
時 9時～18時30分（10～3月は9～17時）

赤塚公園《あかつかこうえん》

中央地区の遊具エリア。向かいにはバーベキューエリアがある

大型公園

所要 2時間

くたくた度 ★★☆☆☆

適齢 1〜10歳

【アクセス】
地下鉄高島平駅から徒歩10分。またはバス停赤塚公園下車すぐ

駅内EV ○

☎03-3938-5715

住 板橋区高島平3、徳丸7・8、四葉2、大門、赤塚4・5・8

料 時 休 入園自由

P 28台（1時間300円、以後20分100円）

面積 255,480m^2

MAP P189A1

運動能力が伸びる！遊具はコレ

複合遊具

滑り台、うんてい、ボルダリングなどを備えた、辻山地区にある複合遊具。

スプリング遊具

またがってよし、渡ってよしのスプリング付き平均台。平衡感覚を養うのに◎。

遠山式判定

おす・ひく	はう・くぐる	のぼる・おりる	はしる
そうさする	まわる	ぶらさがる	とぶ
ほる	およぐ	わたる	のる

傾斜沿いに造られた多彩な表情の公園

東京都の北端に位置する広大な公園。野球場や球技場を備えた中央地区を中心に、首都高速を挟んだ武蔵野崖線沿いに約2kmに渡って自然林が広がり、急斜面に造られた遊歩道の散策や、バードウォッチングが楽しめる。遊具は、中央地区と辻山地区の2カ所にある。

またある！注目POINT

じゃぶじゃぶ池

中央地区に位置する、噴水を利用した清涼感あふれるじゃぶじゃぶ池。夏季限定でオープンし、小学校低学年以下が対象。
※2021年は開催未定

PARK DATA

ボール遊び	×
スケボー	×
花火	×
ペット	○
おむつ替え	○（9〜16時）
授乳室	○（9〜16時）
園内売店	×
園内飲食店	×
周辺コンビニ	徒歩1分
周辺ファミレス	徒歩3分

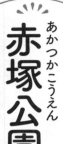

東板橋公園《ひがしいたばしこうえん》 板橋こども動物園《いたばしこどもどうぶつえん》

児童公園

所要 2時間

くたくた度 ★★★★★

適齢 0〜12歳

【アクセス】
地下鉄板橋区役所前駅から徒歩8分。バス停東板橋体育館から徒歩5分

駅内EV ○

☎03-3963-8003（こども動物園）住板橋区板橋3-50-1 料時入園自由（こども動物園は10時〜16時30分、12〜2月は〜16時）休月曜 Pなし

面積 25,052m²

MAP P189B1

Editor's Voice

大門地区には都内最大のニリンソウの自生地があり、見頃は4月上旬。（赤塚公園）

ポニーの引馬は人気なので土・日曜は早めに整理券を手に入れて！（東板橋公園）

馬場は動物園の外にあるので休園日にもポニーを見ることができる

運動能力が伸びる！遊具はコレ

複合遊具

階段のステップが広く上りやすい低年齢向けの複合遊具。滑り台デビューにも。

滑り台

斜度がありスピードが出るので、スリルを求めるキッズたちは大興奮間違いなし。

ザイルクライミング

全身を使って上ることでバランス感覚が養えるネットのジャングルジム。

遠山式判定

ポニーと触れ合える動物園を併設

2020年にリニューアルしたこども動物園を併設。モルモットの抱っこやヤギ・ヒツジとの触れ合いが人気だ。公園エリアには、芝生広場や林があり、その間に滑り台やシーソー、ブランコなどの遊具が点在する。馬場にはポニーがおり、午前と午後に引馬に乗れる（無料）。

まだある！注目POINT

ふれあいイベント

こども動物園では抱っこや餌あげなどのふれあいイベントを随時開催。授乳室やおむつ交換台などは動物園内に用意されている。

PARK DATA

ボール遊び	△（柔らかいもののみ可）
スケボー	×
花火	×
ペット	○
おむつ替え	○
授乳室	○
園内売店	△（お菓子の自販機）
園内飲食店	×
周辺コンビニ	徒歩3分
周辺ファミレス	徒歩4分

ワイド滑り台の奥には
平均台と砂場がある

小豆沢公園《あずさわこうえん》（あずさわスポーツフィールド《あずさわすぽーつふぃーるど》）

児童公園

所要 1時間

くたくた度 ★★☆☆☆

適齢 1～12歳

【アクセス】

地下鉄志村坂上駅から徒歩6分

駅内EV ○

☎なし 住板橋区小豆沢3-1-1 料時休入園自由 Pなし（小豆沢体育館は20分100円）

面積 70,382m^2

MAP P189B1

運動能力が伸びる！遊具はコレ

飛び石

巨大滑り台の裏には飛び石が配され、ジャンプしたりよじ上ったりできる。

ターザンロープ

握力をはじめ腕力や背筋など、全身の筋肉をバランスよく鍛えることができる。

ザイルクライミング

ネットタイプのジャングルジム。高さ4mの頂上部まで上ると達成感満点。

遠山式判定

おす・ひく
はう・くぐる
のぼる・おりる
はしる
そうさする
まわる
ぶらさがる
とぶ
ほる
およぐ
わたる
のる

スポーツ施設の一角に遊具エリアが誕生

2020年7月にオープン。「あずさわループ」と呼ばれる、1周約280mのウッドデッキをメインに、バスケットゴールを備えた多目的広場や野球場、テニスコート、芝生広場、遊具が配され、子どもも大人も体が動かせる空間になっている。プールやジムを備えた小豆沢体育館を併設。

まだある！注目POINT

崖下の水辺

公園北側の階段を下ると水路がある。魚やザリガニなどを探してみよう。高低差があり、帰りは上り坂になることも頭に入れておこう。

PARK DATA

ボール遊び	○
スケボー	×
花火	×
ペット	○
おむつ替え	○
授乳室	×
園内売店	×
園内飲食店	×
周辺コンビニ	徒歩3分
周辺ファミレス	徒歩4分

馬橋公園《まばしこうえん》

流れはキッズ恰好の水遊び場。ろ過循環する水で清潔に保たれている

Editor's Voice

崖下の水辺から飲食店やショップが揃う「セブンタウン小豆沢」まですぐ！（小豆沢公園）

馬橋公園の流れ付近は樹木が多いので、水遊び時は日焼け対策と虫よけの準備も！（馬橋公園）

大型公園

所要 2時間

くたくた度 ★★★★★★

適齢 4〜6歳

【アクセス】
JR阿佐ヶ谷駅から徒歩10分。またはJR高円寺駅から徒歩11分

駅内EV ○

☎03-3336-1105

住 杉並区高円寺北4-35-5 料 時 休 入園自由 P なし

面積 19,261m²

MAP P189A2

運動能力が伸びる！遊具はコレ

複合遊具

「疎林広場」の学童向け遊具。約5.5mの滑り台や、上り下りが楽しい仕掛けが。

砂場

サイズは約8×6mと大きめ。赤レンガ造りのパーゴラが心地よい影をつくる。

多目的広場

扇形をした運動広場。少年野球やサッカーの貸切使用がない場合は一般使用可。

遠山式判定

おす・ひく
はう・くぐる
のぼる・おりる
はしる
そうさする
まわる
ぶらさがる
とぶ
ほる
およぐ・もぐる・うく
わたる
のる

大型遊具も水遊びも！広場を遊び回ろう

1985年、国立の気象研究所の跡地に造られた緑豊かな公園。幼児向け遊具と通年水遊びできる流れが魅力の「ちびっこ広場」、雑木林に囲まれた複合遊具が人気の「疎林広場」、ボール遊びOKの「多目的広場」など、園内を散歩しながら、個性的な広場を遊び尽くそう。

PARK DATA

ボール遊び	△（条件あり）
スケボー	×
花火	×
ペット	○
おむつ替え	○
授乳室	×
園内売店	×
園内飲食店	×
周辺コンビニ	徒歩2分
周辺ファミレス	×

まだある！注目POINT

水辺の広場

流れの下流にある池のあずまやには、生息するコイを見に、子どもたちが集まってくる。池のほとりに立つヤマモミジも見事。

井荻公園《いおぎこうえん》

緩やかなカーブを描くローラー滑り台。岩場の上り下りもいい運動

児童公園

所要 1時間

くたくた度 ★★★☆☆

適齢 4～10歳

【アクセス】
JR西荻窪駅から徒歩10分

駅内EV ○

☎03-3312-2111（杉並区都市整備部みどり公園課管理係）

住 杉並区西荻北4-38-17 料 時 休 入園自由 P なし

面積 3,939m^2

MAP P190F2

運動能力が伸びる！遊具はコレ

ローラー滑り台

なだらかなように見えるが意外とスピードが出る。体幹とバランス感覚を養える。

アスレチック遊具

高さはいずれも1.2～1.3m程度。全身を使って上り下りする運動につながる。

複合遊具

3～6歳児向け。緩やかな傾斜の滑り台2つと、ぐるぐる回せる遊具が付いている。

遠山式判定

ローラー滑り台と秘密基地に注目！

地元では「どんぐり公園」の愛称で知られる緑豊かな公園。傾斜地をいかして造られた全長12mほどのローラー滑り台が、子どもたちに大人気だ。さらに秘密基地のような木製のアスレチック遊具が2020年に新調されたばかり。細長い敷地内にブランコや鉄棒、砂場も備わる。

またある！注目POINT

じゃぶじゃぶ池

ローラー滑り台を下りた場所に位置する水遊びゾーン。例年は7月上旬～8月下旬に流れが稼働する（毎日10～16時ごろ）。

PARK DATA

ボール遊び	×
スケボー	×
花火	×
ペット	×
おむつ替え	×
授乳室	×
園内売店	×
園内飲食店	×
周辺コンビニ	徒歩5分
周辺ファミレス	×

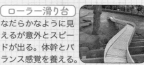

西台公園《にしだいこうえん》

Editor's Voice

井荻公園のトイレは和式のみ。気になる人は駅などで事前に済ませましょう。（井荻公園）
滑り台には水や落ち葉が溜まっていることもあるので、ぞうきん持参で！（西台公園）

ロング滑り台は6～12歳が対象。小さな子どもは大人と一緒に滑ろう

運動能力が伸びる！遊具はコレ

ターザンロープ
ターザンロープは6歳からが対象だが、小さな子はロープを持って走っても◎

クライミングウオール
ボルダリングにチャレンジ。比較的低めなので初めてでも怖くない！

遠山式判定

おす・ひく	はう・くぐる	のぼる・おりる	はしる
そうさする	まわる	ぶらさがる	とぶ
ほる	およぐ・もぐる	わたる	のる

全長30mの都内最長ロング滑り台に挑戦！

木々に覆われたこぢんまりとした公園の名物は、全長30mの滑り台。傾斜を活かし絶妙な緩急がつけられているので、中盤以降、かなりのスピードがでる。通常では味わえないスリルに子どもたちも大興奮。滑るために長い階段を繰り返し駆け上がるので運動量的にも申し分なし。

まだある！注目POINT

遊歩道を散策

滑り台を中心に、左右に細長く延びた公園には遊歩道が整備されている。適度なアップダウンがあるので、ほどよい運動になる。

児童公園

所要 1時間
くたくた度 ★★★☆☆
適齢 2～12歳

【アクセス】
地下鉄志村三丁目駅から徒歩20分。バス停西台公園から徒歩3分
駅内EV ○

☎なし
㊟板橋区西台1-23-1
料時休入園自由
Ⓟなし
面積 7,688m²
MAP P189A1

PARK DATA

ボール遊び	×
スケボー	×
花火	×
ペット	○
おむつ替え	○
授乳室	×
園内売店	×
園内飲食店	×
周辺コンビニ	徒歩3分
周辺ファミレス	×

南谷端公園《みなみやばたこうえん》

ネットトンネルやスパイラル滑り台、望遠鏡などの仕掛けがある複合遊具

児童公園

所要 1時間

くたくた度 ★★★★★

適齢 1〜12歳

【アクセス】
東武線北池袋駅から徒歩8分
駅内EV ○

☎なし
住 北区滝野川7-42-1
料 時 休 入園自由
P なし
面積 7,139㎡
MAP P189B2

運動能力が伸びる！遊具はコレ

複合遊具

高さの違ううんていやはしごが連なる。地面に落ちないように渡りきってみよう。

築山

築山に造られた滑り台のような坂。中央が溝になっている独特の形状に注目。

芝生広場

大部分は広々とした広場。木の周りで鬼ごっこをしたりと思う存分走り回れる。

遠山式判定

おす・ひく / はう・くぐる / のぼる・おりる / はしる
そうさする / まわる / ぶらさがる / とぶ
ほる / およぐ・もぐる・うく / わたる / のる

開けた緑地を彩る個性豊かな遊具

大通りから一歩入った静かな環境にある公園。のびのびと走り回れる芝生広場の片隅には、遊び方に想像力が求められるユニークなアスレチック遊具が並び、子どもたちを虜にしている。多目的広場やプールもあり、特に桜などの花々が咲く春先は、近隣住民の憩いの場となっている。

まだある！注目POINT

多目的広場

バットを使用しないボール遊びができる多目的広場。サッカーやキャッチボールなどを楽しもう。利用は9〜18時(10〜3月は〜17時)。

PARK DATA

ボール遊び	○
スケボー	×
花火	×
ペット	×
おむつ替え	○
授乳室	×
園内売店	×
園内飲食店	×
周辺コンビニ	徒歩3分
周辺ファミレス	×

子供の森公園《こどものもりこうえん》

園内には桜やクスノキ、イチョウなどが植えられ、木陰が多い

Editor's Voice
近くに大正13年創業の老舗、トキハソースの自販機があるので手に入れて！（南谷端公園）
目黒川がすぐ近くにあり、桜の季節は行き帰りに花見を楽しめます。（子供の森公園）

児童公園

所要 1時間

くたくた度 ★★☆☆☆

適齢 1〜6歳

【アクセス】
京急線新馬場駅から徒歩10分
駅内EV ○

☎なし
住品川区北品川3-10-13 料時休入園自由（一部有料施設あり）
Pなし
面積 6,160㎡
MAP P189B3

PARK DATA

ボール遊び	△（柔らかいもののみ可）
スケボー	×
花火	×
ペット	×
おむつ替え	×
授乳室	×
園内売店	×
園内飲食店	×
周辺コンビニ	徒歩5分
周辺ファミレス	×

運動能力が伸びる！遊具はコレ

ブランコ

ベーシックなタイプと幼児用のバケット型が2連になったブランコ。

ターザンロープ

木製のターザンロープ。木々に囲まれており、まるで森の中にいる気分。

遠山式判定

おす・ひく	はう・くぐる	のぼる・おりる	はしる
そうさする	まわる	ぶらさがる	とぶ
ほる	およぐ・もぐる・うく	わたる	のる

カラフルな恐竜たちがお出迎え！

「かいじゅう公園」の通称で親しまれており、園内には大小8体の恐竜のオブジェが点在。夏場は水のモニュメントと呼ばれる、3本のパイプから噴射するミストシャワーが好評だ。敷地内の少年野球場は土・日曜、祝日の7時〜8時30分と、予約がない場合に開放されて遊ぶことができる。

まだある！注目POINT

恐竜のオブジェ

ティラノサウルスやステゴサウルスなど存在感抜群。リアルな突起部などをふれたりするときは注意しよう。

水のモニュメント

高さが異なる3本のパイプから1日6回15分間ミストシャワーが出る。かなり濡れるので着替えの用意を忘れずに。夏休み期間のみ。

西ヶ原みんなの公園《にしがはらみんなのこうえん》

遊具エリアは公園の北側に密集している。まずはそちらへGO！

児童公園

所要 1時間

くたくた度 ★★★★★

適齢 1～10歳

【アクセス】
都電西ヶ原四丁目停留所から徒歩6分
駅内EV ×（地上駅）

☎なし
住北区西ヶ原4-51-62 料時休入園自由
Pなし
面積 21,878㎡
MAP P189B2

運動能力が伸びる！遊具はコレ

複合遊具
低めの階段を上り、でこぼこのステップを渡る。よちよち歩きの子もOK！

複合遊具
うんていから垂直型のはしごを上り、ツイスト滑り台を駆け下りる楽しい遊具。

2連式滑り台
横に2連になった滑り台。低めで小さな子でも安心して滑れるので競争も楽しい！

遠山式判定

防災設備を併せ持つ地域住民の憩いの場

東京外国語大学の跡地に誕生した公園。園内の遊具やあずまやは災害時にはテントを張って利用できるよう工夫されている。複合遊具がある遊具エリアと、のびのびと走り回れる芝生広場がメイン。災害時用の食料や水を供えた防災倉庫の上は屋上庭園となっており休憩にぴったり。

まだある！注目POINT

じゃぶじゃぶ池

夏場は水が張られ、じゃぶじゃぶ池が登場。深い場所では幼児の腰下ほどありプールのよう。もちろん浅い部分もある。

PARK DATA

ボール遊び	△（柔らかいもののみ可）
スケボー	×
花火	×
ペット	×
おむつ替え	○
授乳室	×
園内売店	×
園内飲食店	×
周辺コンビニ	徒歩3分
周辺ファミレス	×

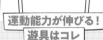

東京23区西部

文京区●茗荷谷

ベンチに座る女性像は、朝倉響子氏の作品「フィオーナとアリアン」

教育の森公園《きょういくのもりこうえん》

大型公園

所要 2時間

くたくた度 ★★★☆☆

適齢 1〜12歳

【アクセス】

地下鉄茗荷谷駅から徒歩3分

駅内EV ○

☎03-5803-1252

（文京区みどり公園課）

住 文京区大塚3-29

料 時 休 入園自由

P なし

面積 21,171m^2

MAP P189B2

PARK DATA

ボール遊び	×
スケボー	×
花火	×
ペット	△（通り抜けのみ可）
おむつ替え	○
授乳室	×
園内売店	×
園内飲食店	×
周辺コンビニ	徒歩1分
周辺ファミレス	×

Editor's Voice

公園を出てすぐのところに大型ドラッグストアがあり、何かと便利。（西ヶ原みんなの公園）

園内には3つの彫刻が展示され、アートに触れながらの散歩も楽しみ♪（教育の森公園）

運動能力が伸びる！遊具はコレ

複合遊具

平均台や飛び石、ツイストラダーなどバランス感覚が必要な遊具が充実している。

滑り台

砂場の横にある小さな滑り台。幅が広く斜面は緩やかなので幼児でも安心。

自由広場

少年野球などに使わない時間帯は一般開放される。鬼ごっこなどに最適な広さ。

遠山式判定

おす・ひく
はう・くぐる
のぼる・おりる
はしる
そうさする
まわる
ぶらさがる
とぶ
ほる
およぐ
わたる
のる

池や森、広場をもつ散策も楽しい公園

筑波大学の跡地に、広場や樹林帯、スポーツセンターなどを配した区民の憩いの場。遊具エリアには複合遊具と滑り台、砂場があり、7月上旬〜9月上旬は大きなじゃぶじゃぶ池で遊ぶ子どもたちで賑やか（10〜16時、木曜休み。※2021年は開催未定）。隣接の窪町東公園にも幼児向け遊具が揃う。

まだある！注目POINT

占春園《せんしゅんえん》

隣接する占春園は斜面を利用した自然観察園。うっそうと茂る樹木や魚が泳ぐ池を見ながら散策できる。料 無料 時 8〜19時（10〜3月は〜17時）休 なし

目白台運動公園《めじろだいうんどうこうえん》

芝生広場はランチにぴったり。布製ラグを無料で貸してくれる

大型公園

所要 2時間

くたくた度 ★★★★★

適齢 1〜6歳

【アクセス】
地下鉄雑司が谷駅から徒歩10分。または地下鉄護国寺駅・江戸川橋駅から各徒歩15分

駅内EV ○

☎03-3941-6153

住文京区目白台1-19・20 料無料 時7時30分〜18時30分（9〜4月は〜17時）休無休 P19台（30分200円）

面積 30,381m²

MAP P189B2

運動能力が伸びる！遊具はコレ

滑り台

高さ1mほど。板を重ねた階段は、小さな子どもなら手を使って上るのも楽しい。

ネット遊具

幼児向け遊具。ネットにつかまって上るほか、芝生なのでくぐって遊ぶ子どもも。

スプリング遊具

スプリングで反動する平均台。バランスをとってわたったり、ジャンプをしたり。

遠山式判定

おす・ひく
はう・くぐる
のぼる・おりる
はしる
そうさする
まわる
ぶらさがる
とぶ
ほる
およぐ・もぐる
わたる
のる

季節の花が咲く都心のオアシス

文京区で最も大きい約3万㎡の、豊かな緑に恵まれた公園。遊具は芝生の広場に幼児向けの滑り台や平均台などが3つ。噴水や季節の花に彩られた園内は、斜面や階段があり子どもの足で一周15〜20分ほどの散歩コースになる。隣接の肥後細川庭園まで足を延ばしてもいい。

PARK DATA

ボール遊び	×
スケボー	×
花火	×
ペット	×
おむつ替え	○
授乳室	○
園内売店	○
園内飲食店	×
周辺コンビニ	徒歩5分
周辺ファミレス	×

まだある！注目POINT

噴水池

芝生広場の横にある噴水池では、清らかな音を立てて噴き出る水が涼しげ。水遊びはできないのでキラキラと輝く噴水を見て楽しんで。

南長崎スポーツ公園《みなみながさきすぽーつこうえん》

児童公園

所要 1時間

くたくた度 ★★★★★

適齢 1〜10歳

【アクセス】
地下鉄落合南長崎駅から徒歩1分

駅内EV ○

☎03-5988-9270

住 豊島区南長崎4-13-5 料 無料 時 5時〜21時30分 休 無休 P なし（南長崎スポーツセンターに有料Pあり）

面積 12,226m²

MAP P189A2

PARK DATA

ボール遊び	×
スケボー	×
花火	×
ペット	○
おむつ替え	○
授乳室	×
園内売店	×
園内飲食店	×
周辺コンビニ	徒歩1分
周辺ファミレス	徒歩1分

芝生広場に点在する遊具。午後は近所の子どもたちが集まる

Editor's Voice

フラフープを無料で貸してもらえます。サイズも大小2種類あり！（目白台運動公園）

2020年に開館した「トキワ荘マンガミュージアム」までは徒歩5分ほど。（南長崎スポーツ公園）

運動能力が伸びる！遊具はコレ

幼児向け複合遊具
低めの滑り台やそろばん型遊具、絵合わせ遊具など、夢中になれるしかけが。

複合遊具
ボルダリングやうんていなどを備えた豪華な遊具。多彩な運動が可能。

バケット型ブランコ
幼児でも安全に乗れるブランコ。揺られるだけでもバランス感覚が養われる。

遠山式判定

おす・ひく
はう・くぐる
のぼる・おりる
はしる
そうさする
まわる
ぶらさがる
とぶ
ほる
およぐ・もぐる
わたる
のる

駅から徒歩1分のアクセスの良さも魅力

プールや体育館などを備えた南長崎スポーツセンターを併設する公園。遊具は幼児用ブランコと、幼児向けのものと6歳以上対象の2種類の複合遊具があり、走り回れる芝生広場もあるので、幅広い層の子どもたちで賑わっている。水曜と第1土曜、第3日曜は多目的広場が開放される。

まだある！注目POINT

じゃぶじゃぶ池
噴水から勢いよく水が噴き出すじゃぶじゃぶ池。4月末〜5月末の12〜16時と7月中旬〜9月中旬の10〜17時にオープン。

奥の建物はキリンレモンスポーツセンター。体育館や武道場がある

平和の森公園《へいわのもりこうえん》（キリンレモンスポーツセンター）《きりんれもんすぽーつせんたー》

児童公園

所要 1時間

くたくた度 ★★★★★

適齢 1~10歳

【アクセス】
西武線沼袋駅から徒歩6分
駅内EV ×（地上駅）

☎03-5860-0024
住中野区新井3-37-78
料時休入園自由
P43台(30分150円)
面積 54,700㎡
MAP P189A2

運動能力が伸びる！遊具はコレ

築山滑り台

巨大な築山滑り台。通常の滑り台と違い、斜面をよじ上れるのが楽しい！

複合滑り台

遊具広場にある複合遊具。滑り台やボルダリングなどがあり、幼児から楽しめる。

ボルダリング

カラフルなボルダリング。子どもの手に合わせた形状になっていて上りやすい。

まだある！注目POINT

じゃぶじゃぶ池

噴水広場と総延長80mにもなる子ども用水遊び広場。GWから9月の10～12時、12時15分～14時15分、14時30分～16時30分。※2021年は開催未定

遠山式判定

おす ひく
はう・くぐる
のぼる・おりる
はしる
そうさする
まわる
ぶらさがる
とぶ
ほる
わたる
のる

草地広場をメインに多様な施設が点在

11,600㎡もの草地広場を中心に、遊具広場、ウオーキングコース、水遊び広場などがある運動公園。目玉は築山滑り台。子どもたちが歓声を上げて滑る姿が微笑ましい。遊具エリアは公園の南側の入口付近にあり、複合遊具と砂場を設置。スポーツセンター内に清潔な授乳室がある。

PARK DATA

ボール遊び（柔らかいもの）	○
スケボー	×
花火	×
ペット	△
おむつ替え	○
授乳室	△
園内売店（キッチンカー有）	△
園内飲食店	△
周辺コンビニ	徒歩2分
周辺ファミレス	×

大井ふ頭中央海浜公園なぎさの森《おおいふとうちゅうおうかいひんこうえんなぎさのもり》

釣りができる「しおじ磯」。マナーを守って楽しもう

海上公園

所要 3 時間

くたくた度 ★★★☆☆

適齢 4〜10歳

【アクセス】
東京モノレール大井競馬場前駅から徒歩10分
駅内EV ○

☎03-3790-2378
（大井スポーツセンター）
住品川区八潮4-2-1
料時休入園自由
P190台（1時間300円、以降30分毎に100円）

面積 454,271㎡（スポーツの森と水域含む）

MAP P189B4

PARK DATA

ボール遊び	△（柔らかいもののみ可）
スケボー	×
花火	×
ペット	○
おむつ替え	○
授乳室	×
園内売店	×
園内飲食店	×
周辺コンビニ	×
周辺ファミレス	×

森と水辺の遊びで動きまわって大満足！

京浜運河沿いに広がる公園。水辺エリアでは、夏場はハゼ釣りなどが楽しめる。一方、樹木がうっそうと茂り、緩やかなアップダウンのある森エリアは散策路があり、やわらかな土の感触を確かめながら歩いたり、走ったりが楽しい。淡水池や干潟ではバードウォッチングができる。

遠山式判定

おす・ひく
はう・くぐる
のぼる・おりる
はしる
そうさする
まわる
ぶらさがる
とぶ
ほる
およぐ
わたる
のる

運動能力が伸びる！遊具はコレ

広場

樹木に囲まれた芝生広場。走りまわったり、寝転んだり、全身を使って遊べる。

まだある！注目POINT

なぎさの森管理舎

園内で見られる植物や鳥類の写真などを展示。園内でとれた木の実や小枝を使ったクラフト体験もできる。時9時〜16時30分 休不定休

夕やけなぎさ

磯遊びや釣りが楽しめる浜。西側は比較的大きな建物が少なく展望が開けているので、夕陽がきれいに見える。

電車ビュー

運河を挟んで向かい側に東京モノレールの路線が走っている。遮る建物がないので、車両全体が見渡せるのもうれしい。

Editor's Voice

スポーツセンターのカフェではドリンクやドーナツでひと休みできます。（平和の森公園）

ルアー釣りは禁止。テグスや仕掛けは必ず持ち帰りましょう。（大井ふ頭中央海浜公園なぎさの森）

樹木園内の小川。木々が多いので、夏場は強い日差しを遮ってくれる

駒沢緑泉公園《こまざわりょくせんこうえん》

児童公園

所要 2時間

くたくた度 ★★★☆☆

適齢 4～6歳

【アクセス】

東急線駒沢大学駅・桜新町駅から各徒歩10分

駅内EV ○

☎なし 住世田谷区駒沢3-19-8 料時休入園自由（樹木園は8時30分～17時、7・8月は～18時） Pなし

面積 14,829m²

MAP P189A3

PARK DATA

ボール遊び	×
スケボー	×
花火	×
ペット	○
おむつ替え	×
授乳室	×
園内売店	×
園内飲食店	×
周辺コンビニ	徒歩3分
周辺ファミレス	×

運動能力が伸びる！遊具はコレ

複合遊具

2種類の滑り台、トンネル、登り棒など一緒に。さまざまな動きができる。

ロッキング遊具

飛行機と自動車がモチーフになっている。乗り物好きのキッズに大人気。

遠山式判定

おす・ひく
はう・くぐる
のぼる・おりる
はしる
そうさする
まわる
ぶらさがる
とぶ
ほる
わたる
のる

木々に囲まれた小川で水遊びや散策を

多種多様な木々と水に彩られた公園。敷地の大部分を占める樹木園は落葉樹や常緑樹などが植えられており、散策路が整備されている。夏は木々の間を流れる小川で水遊び、秋は紅葉が見事で落ち葉や木の実ひろいが楽しみ。滑り台や砂場など幼児も楽しめるスペースもある。

まだある！注目POINT

流れ

樹木園内にある水遊びができる小川。緩やかにカーブするせせらぎを歩いたりして楽しむ。時夏期の9～17時

噴水

国道246号側の公園入口の広場には噴水があり、水遊びスポットとして人気。段差がないので走り回って遊べるのもポイント。

COLUMN 2

交通公園で遊ぼう

横断歩道や舗装道路を備え、交通ルールを楽しく学べるから、自転車デビューにも最適。ミニ列車に乗れることも。

交通遊具の貸出し等は休止する場合あり。最新情報はホームページで要確認

足立区●中川

大谷田南公園

おおやたみなみこうえん

交通公園

所要 3 時間

くたくた度 ★★★★★

適齢 3~12歳

豊富なゴーカートが勢揃い！

駅から徒歩10分の便利な公園。短めのコースで、自転車に乗り始めた3~4歳の子どもにぴったり。貸出は補助付き自転車と足踏みゴーカート(無料)。ゴーカートは四輪と三輪があり、ペダルは足を前後に踏み込むタイプ、自転車のように漕ぐタイプなど、種類が豊富！　乗り換えて楽しみながら、交通ルールを身に付けよう。

【アクセス】

交 JR亀有駅から徒歩10分

駅内EV ○

☎03-3605-5069

住 足立区中川4-42-1 料 無料（一部有料） 時 9時~17時30分（9・10月、2~4月は~17時、11~1月は~16時） 休 無休 P 有料16台

面積 9,917m²

MAP P188D1

じゃぶじゃぶ池

夏はじゃぶじゃぶ池も。乗り物遊び後は気持ちよさも格別(無料)。

遠山式判定

おす・ひく
はう・くぐる
のぼる・おりる
はしる
そうさする
まわる
ぶらさがる
とぶ
ほる
およぐ・もぐる・うく
わたる
のる

PARK DATA

ボール遊び	△(柔らかいもののみ可)
スケボー	×
花火	×
ペット	×
おむつ替え	○
授乳室	×
園内売店	×
園内飲食店	×
周辺コンビニ	徒歩5分
周辺ファミレス	徒歩4分

遊具でも遊ぼう

消防車型遊具

滑り台、うんていなどが合体した遊具には登ってぶら下がって！　全身を使おう。

幼児広場は自転車の練習にもぴったり。三輪車や自転車は無料で借りられる

東京23区西部

板橋区●大山

板橋交通公園

いたばしこうつうこうえん

交通公園

所要 2時間

くたくた度 ★★★☆☆

適齢 1〜10歳

三輪車にゴーカート、好きな乗り物でめいっぱい遊ぼう！

遠山式判定

はう・くぐる
のぼる・おりる
はしる
ぶらさがる
とぶ
おす・ひく
のる
そうさする
まわる
ほる
およぐ
わたる

楽しく交通ルールを学ぶことを目的に1968年に開園した交通公園。入って正面にある幼児広場には、三輪車やミニ自動車が用意され、敷地内で自由に遊ぶことができる。その周囲はミニサイクリングコースとなっており、足踏み式のゴーカートや自転車で走ることができる。途中には信号機が設置されていて交通ルールについて学べるようになっている。園内の一角にはこどもの池があり、夏休み期間中は水遊びができる場として開放される。また滑り台や砂場、スプリング遊具などが設置された遊具エリアも併設されている。

ミニサイクリングコース

ゴーカートや自転車を借りて走行できる。土・日曜、祝日は5歳～が対象だが、平日ならそれ以下の子どもも可。

都電&都バス

かつて活躍した都電7508号と都バスが置かれ、なかに入ることができる。見学時間は9時～15時45分。

【アクセス】

東武線大山駅から徒歩12分。または地下鉄千川駅から徒歩16分

駅内EV ○

☎03-3973-2550

住 板橋区大山西町21-1

料 無料 時 9～16時

休 月曜（祝日の場合翌日）

P なし

面積 7,725㎡

MAP P189B2

遊具でも遊ぼう

ロッキング遊具

交通公園だけあって、ロッキング遊具は4WDやバイクのデザイン。ディテールにもこだわりが感じられる。

滑り台

向かって右側はボルダリング、左側ははしごと、さまざまな上り方が可能な滑り台。着地点は足に優しい砂場。

PARK DATA

ボール遊び	△（柔らかいもののみ可）
スケボー	×
花火	×
ペット	△（一部エリア）
おむつ替え	○
授乳室	×
園内売店	×
園内飲食店	×
周辺コンビニ	徒歩1分
周辺ファミレス	×

COLUMN 2

交通公園で遊ぼう

園内、そして遊具ゾーンを囲む形で道路が整備。信号を守って楽しもう

東京23区東部

葛飾区●新小岩

北沼公園《きたぬまこうえん》

交通公園

所要 3時間

くたくた度 ★★★★☆

適齢 3〜8歳

交通ルールを学んで遊ぼう!

自転車、足踏みゴーカート、三輪車などを無料で借りることができ、楽しみながら交通ルールを学べる交通公園。敷地の中央には大型の複合遊具に低年齢向けの遊具、走り回れる芝生広場もあり、年齢に応じた遊び方ができる。恐竜のモニュメント、噴水のある水遊び場(夏のみ)も人気。園内をぐるっと散策してみよう。

遠山式判定

おす・ひく
はう・くぐる
のぼる・おりる
はしる
そうさする
まわる
ぶらさがる
とぶ
ほる
およぐ・もぐる・うく
わたる
のる

※北沼公園全体についての判定です

交JR新小岩駅から京成タウンバス亀有駅行きで14分、バス停スポーツセンター下車、徒歩5分

駅内EV ○

☎03-3693-1777(葛飾区公園課管理運営係) 住葛飾区奥戸8-17-1 料時休入園自由(乗り物の貸出しは9〜16時) P14台(30分無料、以後30分100円)

面積 9,600m²

MAP P188D2

PARK DATA

ボール遊び	×
スケボー	×
花火	×
ペット	×
おむつ替え	○
授乳室	×
園内売店	×
園内飲食店	×
周辺コンビニ	徒歩7分
周辺ファミレス	徒歩3分

練習用の車道

信号機や道路標識、横断歩道に歩道橋もあり、本物さながらのリアルな造りが特徴。

遊具でも遊ぼう

低年齢向け複合遊具

地面が柔らかいので、転んでも安心。滑ったり、くぐったりと楽しめる。後ろには長いローラーすべり台も。

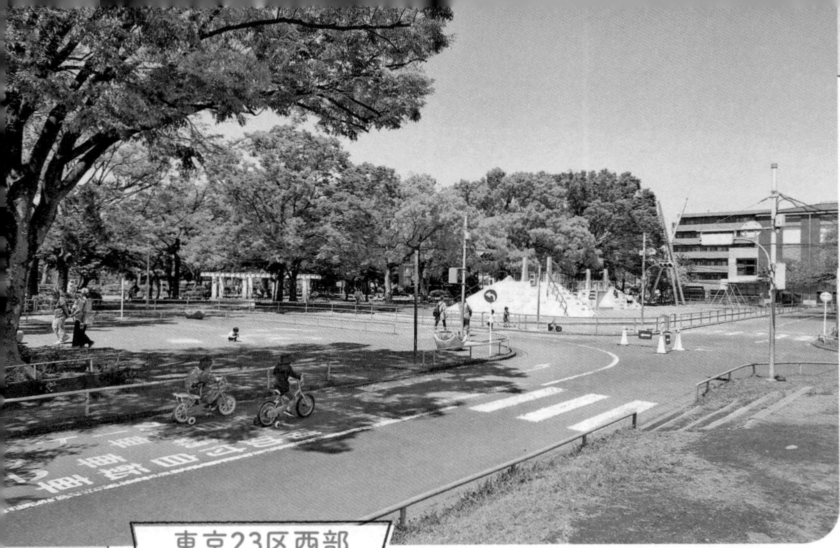

自転車の練習だけでなく信号や標識の見かたを学べるのがポイント

東京23区西部

大田区●萩中

萩中児童交通公園《はぎなかじどうこうつうこうえん》

交通公園

所要 2時間

くたくた度 ★★★★★

適齢 1〜12歳

遊具やオブジェの間を走る多様なコース

萩中公園の東側にある交通公園。自転車と補助付き自転車、三輪車、ゴーカート、幼児用の乗り物を貸し出している（ゴーカートの貸し出しは平日のみ）。また三輪車がコース内に入れるのは平日のみで、土・日曜、祝日は幼児広場で遊ぶ。コース周辺にベンチがあるので、ママ、パパは座って見学できる。

交 京急線大鳥居駅から徒歩6分

駅内EV ○

☎03-5713-1118

住 大田区萩中3-26-46 料 無料 時 9〜16時

休 無休（路面が濡れているときは休止）

P 44台（30分100円）

面積 64,000m²（萩中公園全体）

MAP P189B4

牧場コース

緑の丘で豚や牛、馬がくつろぐ牧歌的コース。カーブが多いのでハンドルさばきの練習に。

遠山式判定

おす・ひく
はう・くぐる
のぼる・おりる
はしる
そうさする
まわる
ぶらさがる
とぶ
ほる
およぐ・もぐる・うく
わたる
のる

※萩中公園（→P128）全体の判定です

PARK DATA

ボール遊び	×
スケボー	×
花火	×
ペット	○
おむつ替え	○
授乳室	○
園内売店	×
園内飲食店	○
周辺コンビニ徒歩2分	
周辺ファミレス	×

遊具でも遊ぼう

幼児用遊具

交通公園の隣の小さい広場に、幼児向けの複合遊具やバケットブランコ、ロッキング遊具が並ぶ。

COLUMN 2

交通公園で遊ぼう

園内の道路を無料の足踏みカートで走行することもできる

東京郊外

府中市●府中本町

府中市立交通遊園

ふちゅうしりつこうつうゆうえん

交通公園

所要 2時間

くたくた度 ★★★★★

適齢 3〜12歳

ゴーカートや蒸気機関車に大興奮！

府中市郷土の森公園の一角にある交通公園。ゴーカートや電気自動車(各有料)に乗ることができ、まるで遊園地に遊びに来たような気分に。園内には道路や信号機、横断歩道などが設置され、ブランコや滑り台などの遊具も点在。本物の蒸気機関車や消防車などの展示もあり、乗り物好きでなくとも思わず興奮してしまう。

交 JR府中本町駅から徒歩18分。JR・京王線分倍河原駅から徒歩20分。西武線是政駅から徒歩15分

駅内EV ○

☎042-364-7214

住 府中市矢崎町5-5 料 無料（一部有料）時 10時〜16時30分(電動自動車〜16時) 休 火曜(祝日の場合は開園、翌日休)、荒天時 P 1000台(府中市郷土の森公園)

面積 12,500m^2

MAP P190D2

遠山式判定

おす・ひく
はう・くぐる
のぼる・おりる
はしる
そうさする
まわる
ぶらさがる
とぶ
ほる
わたる
のる

PARK DATA

ボール遊び	×
スケボー	×
花火	×
ペット	×
おむつ替え	×
授乳室	×
園内売店	○
園内飲食店	×
周辺コンビニ徒歩４分	×
周辺ファミレス	×

ゴーカート

1週約300mの専用レーンを走る。小学2年生以下は保護者同伴で乗車を。1周100円。

遊具でも遊ぼう

複合遊具

壁の内側にあるカーブを滑ったり上ったり、鉄の棒の間をくぐり抜けたり、いろいろな遊び方ができる。

Suburbs of Tokyo

運動能力がぐんぐん伸びる！

東京郊外の公園

COLUMN

プレイパークで遊ぼう

にいじゅくプレイパーク
小松川ゆきやなぎ公園／わんぱく天国

野川公園《のがわこうえん》

楽しみ方は無限大！自然あふれる広大な遊び場

三鷹市、調布市、小金井市の三市にまたがる広い園内にはお楽しみがいっぱい。元々ゴルフ場だったというだけあり、広々とした芝生で思いっきり走ったり、ボール遊びができるほか、遊具がある広場にはアスレチックコースも。丸太トンネルやネット遊具など、子どものやってみたい気持ちをかき立てる多彩な遊具が並んでいる。天然の湧き水で水遊びできるのも、園内を湧水の川である野川が流れるここならではの魅力。植物や昆虫を観察しながら散策できる「自然観察園」もあり、子どもの好奇心のおもむくままに、1日たっぷり楽しめる。テント、シェードの設営不可。

遠山式判定

はう・くぐる
のぼる・おりる
はしる
ぶらさがる
とぶ
おす・ひく
のる
そうさする
まわる
ほる
およぐ
わたる

PARK DATA

ボール遊び	△（危険でないもの）
スケボー	×
花火	×
ペット	○
おむつ替え	○
授乳室	○
園内売店	○
園内飲食店	×
周辺コンビニ	徒歩３分
周辺ファミレス	×

大型公園

所要 4 時間

くたくた度 ★★★★★

適齢 3〜12歳

【アクセス】
西武線新小金井駅・多磨駅から各徒歩15分

駅内EV ○

☎0422-31-6457

住 三鷹市大沢6-4-1

料 時 休 入園自由（一部有料）

P 有料233台

面積 403,182m²

MAP P190E2

運動能力が伸びる！ 遊具はコレ

丸太トンネル

子どもの冒険心をくすぐる、秘密基地のようなたたずまいで年齢を問わず大人気！

ターザンロープ

こちらも人気のターザンロープ。木々に囲まれ、ビューンと滑空すれば気分爽快。

ネット遊具

両手足を使ってネットの山を上り下り。大小２つの山がつながっている。

ブランコ

緑の中で風を感じるとブランコも一段と気持ちいい。高く高くこぎたくなる！

複合遊具

滑り台3レーン、トンネル、うんてい、ロープ上りなどがひとつに。

平均台

クネクネ曲がって高低差もあり、難易度高め。長さもあるので達成感が味わえる。

自然とふれあいながら、のびのび体が動かせる

渡り遊び遊具

丸みのある丸太の橋や丸太につかまりながらロープの上を歩く遊具。

ネット&はしご

シンプルながら、上ったり、ぶら下がったり、飛んだりと遊び方はいろいろ。

シーソー

幼児向けシーソー。相手とタイミングを合わせるコミュニケーション力も養われそう。

Editor's Voice

公園サービスセンターに授乳室があり、二組同時に利用可能。乳児連れでも安心。

まだある！ 注目POINT

野川

園内を横断してゆったり流れる野川は、湧水が集まってできた川。自然豊かな川沿いの散策も楽しい。

わき水広場

小川の浅瀬で水遊びができるスポット。小さな子どもも安全に遊べる。サンダルや濡れてもいい靴を持参して。

自然観察園

約400種の野草が見られる自然の宝庫。木道を歩きながら、草花や野鳥、昆虫などが観察できる。開園時間は同右。

自然観察センター

野川に生息する貴重な動植物の展示をしている。9時30分～16時30分。月曜休(月曜が祝日の場合は翌日休)。

小平中央公園《こだいらちゅうおうこうえん》

北遊具広場には、ふたつの複合遊具と砂場、大人用の健康遊具もある。

遊具公園に電車ビュー 遊び場がたくさん！

鷹の台駅に隣接するアクセス良好の大型公園。改札を出てすぐ右隣りにエレベーター付きの専用地下通路があるので迷う心配がなく、ベビーカーの子連れにもやさしい。園内には体育館や野球場、テニスコート、ジョギングコースなどがあり総合運動公園になっている。おすすめは、北遊具広場や東遊具広場、じゃぶじゃぶ池。遊び疲れたら、築山散策で落ち葉や小枝を拾うなど自然に触れたり、電車ビューを楽しんだりできる。築山はアップダウンがあり、土の山を上ったり下りたりして程よい運動にもなるはず。桜の名所としても人気がある。

遠山式判定

はう・くぐる	のぼる・おりる	はしる
ぶらさがる	とぶ	おす・ひく
のる	そうさする	まわる
ほる	およぐ	わたる

PARK DATA

ボール遊び	○
スケボー	×
花火	×
ペット	○
おむつ替え	○
授乳室	×
園内売店	×
園内飲食店	×
周辺コンビニ	徒歩1分
周辺ファミレス	×

大型公園

所要 2時間

くたくた度 ★★★☆☆

適齢 3～12歳

【アクセス】
西武線鷹の台駅から徒歩1分
駅内EV ○

☎042-346-9556
（水と緑と公園課）
住 小平市津田町1-1
料 時 休 入園自由（体育館は有料） P あり
面積 66,327㎡
MAP P190D1

Editor's Voice

鷹の台駅周辺は商店街になっていて、コロッケや焼き鳥、パンなど専門店でテイクアウトができます！

運動能力が伸びる！ 遊具はコレ

丸太渡り

ロープに捕まりながら丸太を渡ろう。遊びながら体幹とバランス感覚が鍛えられそう。

鉄棒

高さが3段階あるので、親子やきょうだいで一緒に遊べる。最初に逆上がりができるのは誰？

ターザンロープ

一番人気の遊具がこちら。自分が最初にどれだけ走るかでスピードが決まるからおもしろい

ロープ登り

腕力と脚力を使って丸太の壁を登ろう。きょうだいで競争もOK！ 落ちないようにご注意を。

滑り棒

棒を掴んでシューンと滑り降りるのはとても爽快！　まるで消防士になった気分で楽しんで。

クライミングネット

高さと勾配があるので体全体を使ってぐんぐん登れる。登りきったときの感動もひとしお！

複合遊具（小）

幼児用の複合遊具。滑り台を滑るにはロープを登ったり、ネットの上を這ったりする必要あり

滑り台

東遊具広場にある滑り台。二股に別れているので、あまり待つことなくどんどん滑れる！

ブランコ

東遊具広場のブランコは、8人並んで遊べる。誰が一番高くこげるか競争したくなる。

まだある！ 注目POINT

体育館

大人向けだが体育館は一般開放され、館内には温水プールもある。利用料金は利用施設と時間で異なる。

電車ビュー

駅に隣接する公園なので、電車が目の前を走る。駅側の築山にはベンチがあるので座って眺めるのもおすすめ。

ジョギングコース

グラウンドと野球場の外周600mを親子で走ろう。春には桜並木の見物客でにぎわうが、新緑の季節も気持ちいい。

じゃぶじゃぶ池

広い池に水路がつながるじゃぶじゃぶ池。周りが階段状になっているので、親は座りながら見守ることができる。

新堀用水

公園の近くを新堀用水という用水路が流れている。流れに沿って、森林浴を楽しみながら歩いてみよう。

噴水池

じゃぶじゃぶ池の隣には噴水池が。隣にトイレがあるので、ここのベンチに座って子どものトイレを待つことも。

写真提供(一部)：小平中央公園

東京郊外

武蔵村山市●三ツ木

野山北・六道山公園《のやまきた・ろくどうやまこうえん》

観察回廊の展望デッキから「冒険の森」を見下ろして

四季折々の自然が楽しい 都立最大の都市公園

狭山丘陵の一角が大きな公園に。雑木林と谷戸(丘陵に切れ込んだ谷間)の組み合せによって豊かな自然が残され、森遊び、里山体験など、さまざまな楽しみ方ができるのも特徴。ハイキングをしていると、野鳥や昆虫、野草や木々など多くの生物の姿を目にすることができる。東側には木製遊具が配された「あそびの森」と「冒険の森」が。起伏に富んだ雑木林の中にあり、30基以上の遊具を回るだけでも十分な運動になりそう。広大な敷地に遊具のあるエリアと見どころが点在しているため、移動には時間が必要。きちんと計画を立てて遊びに行こう。

遠山式判定

はう・くぐる	のぼる・おりる	はしる
ぶらさがる	とぶ	おす・ひく
のる	そうさする	まわる
ほる	およぐ	わたる

PARK DATA

ボール遊び	△(柔らかいもののみ可)
スケボー	×
花火	×
ペット(リード着用)	○
おむつ替え	○
授乳室	○
園内売店	×
園内飲食店	×
周辺コンビニ	×
周辺ファミレス	×

自然公園

所要 3時間

くたくた度 ★★★★★

適齢 3～12歳

【アクセス】

JR立川駅、多摩モノレール上北台駅、西武線東大和市駅から箱根ヶ崎駅からバスで、峰バス停下車、徒歩15分

駅内EV ○

☎042-531-2325

住武蔵村山市三ツ木4-2 料時休入園自由

P199台(計8ヵ所)

面積 2,028,832㎡

MAP P191C1

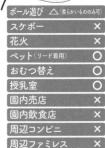

運動能力が伸びる！ 遊具はコレ

サンショウウオの谷ごえ

二重に張られたネットの斜面を上る遊具。上に行ったり下に行ったりして楽しめる。

サルのとりで

ネットや揺れる丸太で上に上ったり、タイヤをくぐったりして砦を制覇！

動物たちの大移動

山の斜面を利用した長いすべり台。右に左に大きなカーブを描いて迫力満点。

おちばのベッド

ふわふわの落ち葉に囲まれたら、森に住む動物たちの気分を味わえそう。

サクラでおひるね

角度と網目の大きさの異なるネットに横たわってみよう。傾斜がキツくても大丈夫かな？

バッタバッタ

シーソーのように傾く丸太の上をバランスを取りながら歩いていこう。

ターザンロープ

手と足でしっかりとロープにつかまって揺らしたら、大きくジャーンプ！

くも糸渡り

くもの巣のように張り巡らされたロープの上をバランスを取りながら歩いてみよう。

バラック遊具

木とネットでできた小さな山を上り下り。木の斜面はロープや木の突起をつかんで。

まだある！ 注目POINT

ハイキングコース

尾根道と田んぼを楽しむ山コース、雑木林や風景を楽しむ里コースなど、目的別に4つのおすすめコースがある。

里山民家

この辺りにあった江戸時代の民家を新築・復元。藁葺き屋根の母屋では囲炉裏やかまどを見ることができる。

だれでも里山コース

ベビーカーや車いすを使用していても里山散策をしやすい平坦な道が続く。赤坂谷戸近くの入口から入ろう。

岸田んぼ

もち米や古代米などの稲作の様子が見られる。民家、小川、ため池、畑とともに昔懐かしい里山の風景を作り出す。

インフォメーションセンター

園内で見られる動物の剥製が展示されている。地図やパンフレットなどももらえるので、立ち寄ってみよう。

小川

オタマジャクシ、カエル、ドジョウ、アメリカザリガニなどが生息する里山民家横の小さな川。ザリガニのみ持ち帰りOK。

Editor's Voice

田んぼ作業や手揉み茶作り体験、パークレンジャーによるガイドウォークなど、さまざまなイベントも開催しています。

殿入中央公園《とのいりちゅうおうこうえん》

山の中に現れる長いローラースライダー。急なカーブが迫力満点！

ドキドキ！大迫力のローラースライダー

八王子市の山の斜面につくられた、こちらの公園の目玉は全長105mのロングローラースライダー。山を一気に滑り下りる爽快感がたまらない。スライダーの入口までは急な階段を上らなければいけないので、繰り返し滑れば、かなりの運動量に。ほかにも巨大なネットツリーに吊り橋と、山の中というシチュエーションにぴったりなアドベンチャー感がある遊具にワクワク。敷地の大半を占める雑木林には遊歩道も整備されており、山頂まで上ると気持ちいい芝生広場が。麓には幼児向けの遊具も備えた広場もある。自転車、フリスビー等の用具の使用は禁止。

遠山式判定

はう・くぐる
のぼる・おりる
はしる
ぶらさがる
とぶ
おす・ひく
のる
そうさする
まわる
ほる
わたる

PARK DATA

ボール遊び	○
スケボー	×
花火	×
ペット	○
おむつ替え	○
授乳室	×
園内売店	×
園内飲食店	×
周辺コンビニ	×
周辺ファミレス	×

大型公園

所要 3時間

くたくた度 ★★★★★

適齢 3〜12歳

【アクセス】

JR・京王線高尾駅からバスで、バス停頴明館高校前下車、徒歩15分

駅内EV ○（京王線）

☎042-662-8034

住 八王子市館町2428

料 時 休 入園自由

P 10台（8時15分〜17時15分）

面積 43,428m^2

MAP P191B3

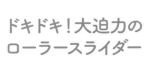

運動能力が伸びる！ 遊具はコレ

Editor's Voice

近隣にお店がない場所なので、必要なものはしっかり持参を。

ローラースライダー

全長105m。スピード感があり、木々の間を縫うように滑り下りスリルがやみつきに！

ネットツリー

約5mもの高さがあるユニークなネット遊具。ネットをつたっててっぺんを目指そう。

吊り橋

ロープ1本の吊り橋。結構ゆれるが、高さはないので怖さを感じずに挑戦できる。

複合遊具

滑り台、うんてい、上り棒などから成り、年齢や運動能力に応じた楽しみ方が可能。

うんてい

輪っかを握ってぶら下がるタイプ。通常のうんていより難易度が高い。

はしご

手と足を使ってカーブを上り下り。ぶら下がったりして遊ぶこともできる。

滑り台

傾斜があるトンネル滑り台。急カーブしているので出口が見えないドキドキ感がある。

ブランコ

定番のオーソドックスなブランコはやっぱりみんな大好き。4連タイプ。

幼児向け滑り台

回転する〇×パネルが付いたかわいいトンネル滑り台。滑り台デビューにもってこい。

スプリング遊具

大きい遊具はまだ難しい低年齢のこどもも楽しめる。コアラのほかにパンダも。

ココも嬉しい！

立ち寄りSPOT

美しきフルーツサンド

惣菜ベーカリー&カフェいなこっぺ《そうざいべーかりー&かふぇいなこっぺ》

断面をみるだけでも楽しいフルーツサンドや、総菜入りコッペパンが毎日50種類以上揃う。コーヒースタンドも併設。日曜日にはハンバーガーも登場する。

☎042- 698- 4352 住八王子市初沢町1277-8 交JR・京王線高尾駅から徒歩5分 時10時～売切れまで（15～16時ころ） 休水曜 Pなし

まだある！ 注目POINT

芝生広場

山頂に広がるのどなか広場。鬼ごっこなどして体を動かすのはもちろん、のんびりピクニックもおすすめ。

遊歩道

園内の雑木林を散策できる遊歩道が4コースある。森林浴しながらハイキングを楽しもう。

乞田・貝取ふれあい広場公園《こった・かいどりふれあいひろばこうえん》

仕掛けがいっぱいの複合遊具に大喜び！

地域の人々に親しまれている公園。小さな公園でありながら、遊具が充実しており、なかでも巨大な木製の複合遊具が子どもたちに大人気。目を引く黄色の塔を中心に、滑り台やトンネルなどがあり、移動には平均台やデコボコ付きのゴム板、はしごなどを使う。さらにロープや鉄棒の障害物もあるなど、遊び心いっぱいの仕掛けが施されており、楽しみながら全身運動ができるのがうれしい。そのほか、ブランコや砂場など、小さな子どもも楽しめる遊具もある。敷地のほとんどを占める芝生広場では、駆け回ったり、鬼ごっこをしたり、思いっきり体を動かそう。

遠山式判定

はう・くぐる
のぼる・おりる
はしる
ぶらさがる
とぶ
おす・ひく
のる
そうさする
まわる
ほる
わたる

PARK DATA

ボール遊び	△（柔らかいもののみ可）
スケボー	×
花火	×
ペット	○
おむつ替え（コミュニティセンター内）	○
授乳室	×
園内売店	×
園内飲食店	×
周辺コンビニ	徒歩5分
周辺ファミレス	×

児童公園

所要 2時間

くたくた度 ★★★★★

適齢 1〜10歳

【アクセス】
京王線京王多摩センター駅または小田急線小田急多摩センター駅から徒歩15分

駅内EV ○

☎なし
住 多摩市乞田810-2
料 時 休 入園自由
P 有料15台
面積 10,650m^2
MAP P190D3

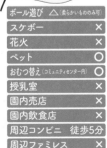

運動能力が伸びる！ 遊具はコレ

Editor's Voice

園内のトイレは和式のみ。トイレットペーパーもないので、なるべくトイレは済ませておきましょう。

複合遊具

滑り台、上り下りできるトンネル、平均台などが一体化。中心部の棟にも上れる。

スパイラルカウンター

輪っかを動かして遊ぶアート遊具。子どもたちの想像力を高めてくれる。

ブランコ

シンプルな定番のブランコ。慣れてきたら立ちこぎにチャレンジしてみよう。

平均台

歩く部分は平らで幅広めだが、土台がバネになっているのでバランスをとりながら進もう。

シーソー

大きなアーチを描く弓形のシーソー。地面を蹴り上げる力がつきそう。

人気の複合遊具。上り下り、握る、渡るなど多彩な動きが可能

ココも嬉しい！

立ち寄りSPOT

天然地下深層水でリラックス

永山健康ランド 竹取の湯《ながやまけんこうらんど たけとりのゆ》

館内着・タオル・アメニティも入館料金に含まれ、手ぶらOK。休憩スペースや食事処なども充実。

☎042-337-1126 住多摩市永山1-3-4ヒューマックスパビリオン永山3～5階 交京王線・小田急線永山駅から徒歩1分 料2100円（土・日曜、祝日は2300円）、3歳～小学生900円 時9時～翌8時30分 休なし P約200台（2000円以上の利用で4時間無料など）

まだある！ 注目POINT

流れ

敷地内を東西に延びる水遊び場。浅いので小さな子どもも楽しめそう。
時4～11月の9～16時 休清掃日

桜

公園のすぐそばを乞田川が流れ、川沿いには桜が植えられている。春になると桜が咲き誇り、園内でも花見ができる。

健康遊具コーナー

運動が苦手な人や高齢者を対象にした健康増進施設。全8つの器具が揃い、使い方の説明書きもある。

乞田・貝取コミュニティセンター

公園に隣接。おむつ替え台付きトイレがある。無料のおむつ袋（1人5枚以内）も用意。時9～20時 休毎月第1・3月曜

名物のローラー滑り台に夢中になる子どもが続出

黒鐘公園《くろがねこうえん》

豊富な遊具に電車ビューも魅力

国分寺市の住宅街に位置する公園で、バリエーション豊かな遊具を目当てに訪れる地元のこどもたちで賑わう。特に人気なのが敷地内にある山の斜面に設置されたローラー滑り台。それほど高さはないが、大きくカーブしているので、長く滑ることができて楽しい。その横にはクライミングウォールやロープ登りなど傾斜を生かした遊具が並び、急な山道を上り下りしながらワイルドに遊べる。平坦なエリアにもたくさんの遊具があり、夢中になってしまうはず。園内から高架線を走っていく武蔵野線を見ることもでき、電車好きの子どもにもおすすめの公園だ。

遠山式判定

はう・くぐる
のぼる・おりる
はしる
ぶらさがる
とぶ
おす・ひく
のる
そうさする
まわる
ほる
わたる

PARK DATA

ボール遊び	○
スケボー	×
花火	×
ペット	○
おむつ替え	×
授乳室	×
園内売店	×
園内飲食店	×
周辺コンビニ	徒歩1分
周辺ファミレス	徒歩2分

児童公園

所要 1時間

くたくた度 ★★★★★

適齢 3～12歳

【アクセス】
JR西国分寺駅から徒歩13分
駅内EV ○

☎042-325-0111
(国分寺市緑と建築課)

住 国分寺市西元町4-10-47

料 時 休 入園自由

P なし

面積 12,528m²

MAP P190D2

運動能力が伸びる！ 遊具はコレ

ローラー滑り台

1番人気の遊具がこちら。スルスルよく滑り、大きなカーブで滑走距離が長い。

ロープ上り

丸太組みの坂を上り切れば、ローラー滑り台の入り口のすぐ横に到着できる。

渡り遊具

円柱状のはしごがユニークで上ってみたくなる。渡る部分の床面は鉄板。

弓型シーソー

高い位置でふんわりスイングして気持ちいい。2人で息を合わせて動かそう。

トンネル

リングのトンネルは幼児でもしっかり腰をかがめないと通れない大きさ。

クライミングウォール

丸太や鉄の突起に手足を掛けながら上る。斜面が急なので足腰の力が必要。

ブランコ

定番遊具もはずせない。4連タイプの昔ながらのシンプルなブランコ。

砂場

「さあ、何をつくろうかな？」こどもの想像力がどんどん広がる。

滑り台

オーソドックスな滑り台も2レーンある。結構角度があり、対象年齢は6〜12歳。

Editor's Voice

公園の向かいに、ピクニックにちょうどいい「武蔵国分尼寺跡」の広場があります。

ココも嬉しい！

【立ち寄りSPOT】

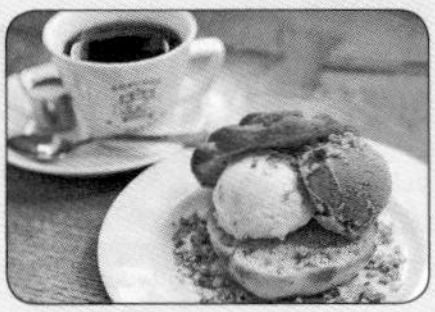

まるで絵本の世界

クルミドコーヒー《くるみどこーひー》

「水出しコーヒー」は専用の抽出器を使い、5〜6時間かけて作る。好きな組み合わせのアイスを挟むお花型の「クルミドケーキアイス」は創業当時からの人気スイーツ。

☎042-401-0321
住国分寺市泉町3-37-34マージュ西国分寺1F 交JR西国分寺駅から徒歩2分 時11〜21時(20時30分LO) 休木曜 Pなし

まだある！ 注目POINT

電車ビュー

近くに武蔵野線の高架線が通っていて、遊具で遊びながら行き交う電車が眺められる。

池

園内にある湧き水をたたえる池。ほとりにはベンチもあり、憩いのスポットになっている。

藤棚

池沿いと遊具エリアの脇に藤棚があり、4月下旬〜5月上旬に見頃を迎える。薄紫の可憐な花と甘い香りを楽しんで。

鶴間公園《つるまこうえん》

森のあそびばのシンボル、大型複合遊具とアスレチック遊具

安心安全に楽しめるアスレチックに夢中！

再開発プロジェクトにより誕生した、商業施設やミュージアムなどが一体となった「南町田グランベリーパーク」に位置する都市公園。子ども向けプレイグラウンドが充実していて、大型複合遊具やアスレチックを配した「森のあそびば」には吊り橋やネット遊具など、子どもの冒険心をかきたてる仕掛けがいろいろ。地面にウッドチップが敷き詰められ、安全面も配慮されている。お隣「星のあそびば」は星の形をした砂場や蟻塚をイメージした滑り台など、幼児向け遊具がたくさん。商業施設「グランベリーパーク」と合わせて訪れることができるので、大人も大満足。

遠山式判定

はう・くぐる
のぼる・おりる
はしる
ぶらさがる
とぶ
おす・ひく
のる
そうさする
まわる
ほる
わたる

PARK DATA

ボール遊び	○
スケボー	×
花火	×
ペット	○
おむつ替え	○
授乳室	○
園内売店	○
園内飲食店	○
周辺コンビニ	徒歩3分
周辺ファミレス	徒歩1分

児童公園

所要 2 時間

くたくた度 ★★★☆☆

適齢 1～12歳

【アクセス】
東急線南町田グランベリーパーク駅から徒歩3分

駅内EV ○

☎042-850-6630

住 町田市鶴間3-1-1

料 時 休 入園自由

P 有料133台（1時間まで無料）

面積 71,075㎡

MAP P190D4

運動能力が伸びる！ 遊具はコレ

複合滑り台

緩斜面にボルダリングのような突起物や大きな半穴があるなど、変化に富んでいる。

スイング遊具

ショベルカーなど乗り物に見立てた、揺れがやさしい遊具。星のあそびばに3台設置。

クライミングウォール

上るだけではなく、ロープにつかまりながら左右に移動することも。3～6歳対象。

渡り遊具

ロープで吊り下がるカラフルなボールの上を渡ったり、座って揺らして遊ぶことも。

ジャングルジム

よじ登ったり、くぐったり、子どもの想像をかきたてるユニークな形が印象的。

ネット遊具

ロープをクモの巣のような形で繋いだ個性的な遊具。足をかけて自由自在に動き回れる。

複合遊具

滑り台、ロープ登り、秘密通路のような階段など子どもの興味が尽きない仕掛けがいろいろ。

ブリッジ遊具

アスレチック遊具のひとつ。垂直部分がハードな造りで挑戦意欲が高まりそう。

ネット遊具

鉄の骨組みの中にネットが張りめぐる、モニュメントのような遊具。水のあそびばにある。

Editor's Voice

森のあそびば近くにある、ひといきテラスのトイレにはおむつ替えベッドあり。ベンチと自動販売機も設置されています。

ココも嬉しい！

立ち寄りSPOT

あのチキンが食べ放題！

KFCレストラン 南町田グランベリーパーク店《けーえふしーれすとらん みなみまちだぐらんべりーぱーくてん》

KFCのオリジナルチキンや、オリジナルメニューを食べ放題で。

☎042-788-5205 ㊟町田市鶴間3-4-1南町田グランベリーパーク内 ㊕ランチ80分制2178円（土・日曜、祝日2398円）、ディナー90分制2838円。こども料金あり。※10時から整理券の発券あり ㊋ランチ11～17時、ディナー17～20時（最終入店18時30分）㊡不定休

※2021年5月時点の情報です

まだある！ 注目POINT

水のあそびば

大人用の健康器具が点在するエリア。夏季は噴水も楽しめる。クッション素材の地面で足の負担を軽減。

©Peanuts Worldwide LLC

スヌーピーのスタチュー

公園内にはスヌーピーのスタチュー（彫像）が2体設置。どこにあるか探してみるのも楽しい。

タニタカフェ

健康総合企業「タニタ」のカフェ。子ども向けメニューも用意。㊋11～18時（土・日曜、祝日は10時～）。㊡不定休

水道みち

ケヤキ並木が延びる鶴間公園のシンボル的エリア。道の斜面にはテラスが備わり、のんびり休憩もできる。

公園の中心となる円形広場は
開放感が抜群

武蔵国分寺公園《むさしこくぶんじこうえん》

大型公園

所要 1時間

くたくた度 ★★☆☆☆

適齢 1〜10歳

【アクセス】

JR西国分寺駅から徒歩7分。またはJR・西武線国分寺駅から徒歩10分

駅内EV ○

☎042-323-8123

住 国分寺市泉町2-1-1

料 時 休 入園自由

P 有料22台

面積 114,608㎡

MAP P190D2

PARK DATA

ボール遊び	△（危険でないもの）
スケボー	×
花火	○
ペット	○
おむつ替え	○
授乳室	○
園内売店	×
園内飲食店	×
周辺コンビニ	徒歩5分
周辺ファミレス	×

遠山式判定

2つの広場をもつ 水と緑のオアシス

南北に分かれた2つのエリアそれぞれに大きな芝生の広場をもち、池や滝、噴水などが配されたのどかな公園。遊具はないので、どう遊ぶかは利用者次第。鬼ごっこをするもよし、ボールやしゃぼん玉などを使って遊ぶもよし。四季を通じて花々が咲き、目を楽しませてくれる。

まだある！注目POINT

円形広場

北エリアにある1周500mの丸い広場。周囲にノウゼンカズラの回廊や池などがあり、美しい景観がつくり出されている。

こもれび広場

木々に囲まれた起伏のある南エリアの広場。広場からつながる「野鳥の森」ではアオゲラなどの野鳥が見られる。

霧の噴水

モニュメントから噴き出す冷たいミストを浴びることができる、夏の涼スポット。5〜9月の晴れた日に稼働する。

武蔵の池

扇の滝が流れ、水音も心地いい。カワセミやカルガモが飛来し、メダカやモツゴ、ヤゴなども生息している。

国営昭和記念公園《こくえいしょうわきねんこうえん》

フワフワの巨大トランポリンはまさに雲。思いきり楽しもう！

Editor's Voice

周辺には史跡や「お鷹の道」「真姿の池湧水群」などの名所があり、散策も◎。（武蔵国分寺公園）

すぐ近くに複合施設の「GREEN SPRINGS」や「IKEA」もあるので、公園とあわせて1日を過ごすのもおすすめ。（国営昭和記念公園）

大型公園

所要 5時間

くたくた度 ★★★★★

適齢 1〜12歳

【アクセス】
JR西立川駅から徒歩2分（西立川口）
駅内EV ○

☎042-528-1751
住 立川市緑町3173
料 450円（15歳未満無料） 時 9時30分〜17時（11〜2月は〜16時30分、4〜9月の土・日曜、祝日は〜18時）
休 1月の第4月曜とその翌日 P あり（有料）
面積 1,800,000㎡
MAP P191C2

運動能力が伸びる！遊具はコレ

虹のハンモック

巨大な立体状のハンモックはまるで蜘蛛の巣。寝そべるのも飛び跳ねるのも自在。

みんなの原っぱ

東京ドーム2個分の広々とした原っぱ。柔らかいボールなら使用OK。

わんぱくゆうぐ

幼児向けの複合遊具も充実。広くクッション材が敷いてあり、走り回っても安心！

遠山式判定

おす・ひく / はう・くぐる / のぼる・おりる / はしる / そうさする / まわる / ぶらさがる / とぶ / ほる / およぐ・もぐる・うく / わたる / のる

広々大きく施設も充実 丸一日遊べる公園

とても大きな園内は、なんと東京ドーム39個分の広さ！自然観察できる林や湿地など楽しみが盛りだくさん。ちびっ子たちに大人気の施設「こどもの森」は、不思議体験やヒミツが満載。巨大トランポリン「雲の海」など楽しい遊具は、運動しながら学べてワクワクが止まらない。

まだある！注目POINT

園内施設が充実

BBQガーデンやレンタサイクルのほか、レンタルボートでも遊べる。だれでもトイレや赤ちゃん休憩室も複数あり、安心して過ごせる。

PARK DATA

ボール遊び	△（柔らかいもののみ可）
スケボー	×
花火	×
ペット	○（一部施設を除く）
おむつ替え	○
授乳室	○
園内売店	○
園内飲食店	○
周辺コンビニ	×
周辺ファミレス	×

写真提供：国営昭和記念公園

小金井公園《こがねいこうえん》

大型公園

所要 3時間

くたくた度 ★★★★★

適齢 3～12歳

【アクセス】
JR武蔵小金井駅からバスで、バス停小金井公園西口・江戸東京たてもの園前・小金井公園前・スポーツセンター入口下車すぐ

駅内EV ○

☎042-385-5611

住 小金井市桜町3、関野町1・2、小平市花小金井南町3、西東京市向台6、武蔵野市桜堤3 料 時 休 入園自由（一部有料）
P 549台（1時間まで300円。以後20分100円）

面積 802,341㎡

MAP P190E1

複合遊具「わんぱく山」。
山頂に登ったら公園を見渡そう！

運動能力が伸びる！遊具はコレ

ソリゲレンデ

7.2mの高さから最大斜度17度の人工芝の斜面をソリで滑り降りる。

ふわふわドーム

大きな膜を膨らませた山形のトランポリン遊具。ぴょんぴょん飛び跳ねて遊ぼう。

ターザンロープ

ロープにぶら下がって滑走しよう。爽快感やスピード感を楽しめる。

またある！注目POINT

SL展示場

3～11月の土・日曜、祝日に公開される蒸気機関車。昭和49（1974）年まで走っていたもので、運転室に入ることもできる。

写真提供：小金井公園

遠山式判定

自然と文化を楽しむ内容豊富な公園

約80ヘクタールという広大な敷地を誇る公園。雑木林に囲まれた草地は、大小の広場になっていてのびのびと遊べる。充実の大型遊具も子どもに大人気。園内には約1700本もの桜が植えられ、春には多くの人が訪れる。歴史的建造物を展示する「江戸東京たてもの園」も有する。

PARK DATA

ボール遊び	○
スケボー	○
花火	○
ペット	○
おむつ替え	○
授乳室	○
園内売店	○
園内飲食店	○
周辺コンビニ	徒歩1分
周辺ファミレス	×

※ボール遊びは多目的広場、ゆりの木広場のみ。試合やバット等の使用不可。
※スケボーは槻の木広場のみ。園路での走行不可。※花火は一部のエリアのみ。20時まで。手持ち花火のみ。

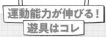

稲城中央公園《いなぎちゅうおうこうえん》

野球場の芝生の観覧席は出入り自由。遊び疲れたら座って休もう！

大型公園

所要 3時間

くたくた度 ★★★★★

適齢 1～12歳

【アクセス】
JR南多摩駅からバスで、バス停稲城中央公園下車、徒歩1分

駅内EV ○

☎042-331-7156（いなぎグリーンウエルネス財団）
住稲城市長峰1-1、向陽台4-1-1 料時休入園自由 Pあり
面積 200,000㎡
MAP P190E3

PARK DATA

ボール遊び	○
スケボー	×
花火	×
ペット	○
おむつ替え	○
授乳室	×
園内売店	×
園内飲食店	○
周辺コンビニ	徒歩2分
周辺ファミレス	×

運動能力が伸びる！遊具はコレ

複合遊具（大）

6～12歳推奨。2本の滑り台のほか、うんてい、縄はしご、滑り棒などを配備。

ローラー滑り台

緩やかな傾斜と大きなカーブでスピードはゆっくりめ。小さな子どもでもOK！

複合遊具（小）

園児向きの複合遊具。横並びの滑り台や丸窓、縄や鉄製の登り遊具のほか、砂場も。

遠山式判定

おす・ひく
はう・くぐる
のぼる・おりる
はしる
そうさする
まわる
ぶらさがる
とぶ
ほる
わたる
のる

複合遊具と芝生広場で思い切り体を動かそう

野球場や陸上競技場、体育館などを備えた運動公園。なかでも野球場複合遊具は大人気で、子どもたちは上ったり滑ったり大興奮！少し離れた芝生広場では、かけっこやボール遊びはもちろん、ごろんと寝転んで休憩するのもいい。休憩後は自然林を活用した散策路で、自然に触れて心も動かそう。

まだある！注目POINT

芝生広場

陸上競技場の東側にある円形の芝生広場。すり鉢状なので傾斜を利用しての上り下りや、ボール転がしなど小さな子ども自然に体を動かせる。

Editor's Voice

サイクリングセンターでは補助輪付き、補助輪なしの自転車貸し出しあり。有料。休月曜（祝日の場合は翌日）（小金井公園）

総合体育館と陸上競技場の間にミニガーデンがあり、親子で記念撮影をするのに最適。（稲城中央公園）

さまざまな動植物が生息・生育しているので、観察するのも楽しい

浅間山公園《せんげんやまこうえん》

大型公園

所要 2時間

くたくた度 ★★★☆☆

適齢 3～12歳

【アクセス】
JR武蔵小金井駅からバスで、バス停浅間山公園下車すぐ

駅内EV ○

☎042-361-6861
住 府中市浅間町4、若松町5
料 時 休 入園自由
P なし
面積 87,786㎡
MAP P190E2

PARK DATA

ボール遊び	△（児童公園）
スケボー	×
花火	×
ペット	○
おむつ替え	×
授乳室	×
園内売店	×
園内飲食店	×
周辺コンビニ	徒歩1分
周辺ファミレス	×

運動能力が伸びる！遊具はコレ

複合遊具

滑り台やネット渡り、うんていなどが一体化。成長に合わせた楽しみ方を。

ボルダリング

小さい子でも上りきれる高さなので、年齢を問わず挑戦しやすい。

上り棒

どこに手足をかければ上手に上ったり下りたりできるか、考える力も必要。

遠山式判定

公園ハイキングで自然を体感しよう！

公園の中心となるのは、３つの頂をもつ浅間山。最高地点は標高80mで、軽い山登りが楽しめる。数多くの野草が自生し、四季折々の自然を体感できるのも魅力。山道は複数のルートがあるので、子どもに任せて歩いてみては。ハイキングの後は、麓の児童公園にある遊具で遊ぼう！

まだある！注目POINT

ムサシノキスゲ

世界で唯一、ここだけに自生する希少なススキノキ科の植物。見頃は5月初旬～中旬で、浅間山が黄色い花で彩られる。

東伏見公園《ひがしふしみこうえん》

ローラー滑り台の隣にはアスレチック遊具が。丘を上り下りして足腰が鍛えられそう

Editor's Voice

標高が最も高い堂山の山頂には浅間神社があります。富士山が見えるスポットも。（浅間山公園）

日影になる場所が少ないので夏場は注意して。（東伏見公園）

大型公園

所要 2時間

くたくた度 ★★★☆☆

適齢 3〜12歳

【アクセス】
西武線西武柳沢駅・東伏見駅から各徒歩10分

駅内EV ○

☎0422-31-6457

住 西東京市東伏見1

料時休 入園自由

P なし

面積 50,243㎡

MAP P190E1

運動能力が伸びる！遊具はコレ

ローラー滑り台

全長49mのローラー滑り台。おしりに敷くものを持っていくとよい。

ロープのぼり

ロープをたぐって斜面をよじ登れたら、裏にあるポールの滑り下りに挑戦。

幼児用滑り台

かわいいSL型。裏側には小さいはしごやクライミングウォールがついている。

遠山式判定

おす・ひく　はう・くぐる　のぼる・おりる　はしる
そうさする　まわる　ぶらさがる　とぶ
ほる　およぐ もぐる　わたる　のる

電車を見下ろす丘の人気ローラー滑り台

西武線沿いにあり、園内から電車が見えることでも人気の公園。こちらのシンボルともいえるのが、小高い丘の斜面にある長いローラー滑り台。付近にアスレチック遊具や幼児向け遊具が設置されているほか、子どもも楽しめる健康遊具も充実。電車を眺めながらのピクニックもぜひ。

PARK DATA

ボール遊び	△（危険でないもの）
スケボー	×
花火	×
ペット	○
おむつ替え	○
授乳室	×
園内売店	×
園内飲食店	×
周辺コンビニ	×
周辺ファミレス	×

まだある！注目POINT

電車ビュー

公園のすぐ脇を走る西武線を間近に見ることができるウッドデッキや跨線橋があり、電車好きは大興奮まちがいなし！

東大和公園《ひがしやまとこうえん》

里山の自然を残したいという市民の思いから生まれた公園

自然公園

所要 3 時間

くたくた度 ★★★★★

適齢 3～12歳

【アクセス】
西武線武蔵大和駅から徒歩15分

駅内EV ○

☎042-393-0154
（狭山公園パークセンター）

住東大和市湖畔3、高木1、狭山3 、奈良橋2 料時休入園自由
Ｐなし

面積 187,670㎡

MAP P190D1

PARK DATA

ボール遊び	×
スケボー	×
花火	×
ペット（リード着用）	○
おむつ替え	×
授乳室	×
園内売店	×
園内飲食店	×
周辺コンビニ	徒歩5分
周辺ファミレス	×

運動能力が伸びる！遊具はコレ

複合遊具

すべり台、うんてい、のぼり棒、ネットクライミングが一体になっている。

複合遊具

ロープにつかまりながら渡る丸太と上下左右に動ける垂直ネットのコンビ。

丸太ステップ

丸太の上を飛び石のようにリズミカルに進もう。3歳から12歳用。

遠山式判定

野外博物館のような都立最初の丘陵地公園

狭山丘陵の東側にある雑木林で覆われた公園。起伏に富んだ園内は、雑木林に親しみながら、育み・感じ・学ぶことができる3つのエリアに分けられている。各所に解説板があるので、昆虫、野鳥、植物などのテーマ別に雑木林についての知識を深めながら散策するも楽しい。

まだある！注目POINT

森のあそび場

公園ボランティアが整備した雑木林。明るい林の中を通る小径は、子どもの冒険心をくすぐる。四季の野草の観察にもぴったり。

多摩川緑地福生南公園《たまがわりょくちふっさみなみこうえん》

「冒険広場」にはロープを使った遊具がたくさん！

Editor's Voice

正門広場には、その季節に園内で見られる植物や生物を写真付きで紹介している看板があるのでチェックしてみて。（東大和公園）

サイクリングもできるので、自転車を持参して楽しむのもおすすめです。（多摩川緑地福生南公園）

運動能力が伸びる！遊具はコレ

ロープ渡り

手と足でしっかりとロープをつかみながらバランスをとり隣のロープへと進む。

複合遊具

水色の網を上って滑り台に上ろう。カラフルなボールは動かして遊べる。

スプリング遊具

恐竜がカッコイイ！バランスを取りながらゆらゆら揺らして遊ぼう。

遠山式判定

おす・ひく / はう・くぐる / のぼる・おりる / はしる

そうさする / まわる / ぶらさがる / とぶ

ほる / およぐ・もぐる・うく / わたる / のる

広ーい広場と遊具で思い切り運動したい

多摩川河川敷にある。芝生の「おひさま広場」、アスレチック遊具が並ぶ「冒険広場」、幼児向け遊具が楽しめる「ちびっこ広場」があり、野球場、テニスコート、ジョギングコース、健康遊具などの運動施設も充実。無料でカマドを利用できるバーベキュー広場も（要予約、休止の場合あり）。

まだある！注目POINT

じゃぶじゃぶ池

じゃぶじゃぶ池は、浅いので小さな子どもでも安心（水量は時期により異なる）。横のビオトープには、小さな魚や水生昆虫が生息している。

運動公園

所要 2時間

くたくた度 ★★★☆☆

適齢 3〜12歳

【アクセス】
JR拝島駅から徒歩15分
駅内EV ○

☎042-530-4418
（福生南公園管理棟）
住 福生市南田園1-1-1 料 無料 時 8時30分〜19時（10〜2月は〜18時）休 無休 P 88台
面積 61,322㎡
MAP P191C1

PARK DATA

ボール遊び	△
スケボー	×
花火	×
ペット（リード着用）	○
おむつ替え	×
授乳室	×
園内売店	×
園内飲食店	×
周辺コンビニ	×
周辺ファミレス	×

武蔵野中央公園

むさしのちゅうおうこうえん

園内に満ちる心地よい空気を感じながら、原っぱや遊具で遊ぼう

大型公園

所要 2時間

くたくた度 ★★★★★

適齢 3〜12歳

【アクセス】
JR三鷹駅または吉祥寺駅からバスで、バス停武蔵野中央公園下車すぐ

駅内EV ○

☎0422-54-1884

住 武蔵野市八幡町2-4-22 料 時 休 入園自由（一部有料）

P 有料31台（入庫時間7〜20時）

面積 112,440m²

MAP P190E1

運動能力が伸びる！遊具はコレ

滑り台

船の形の滑り台。ハンドルやのぞき穴など、子どもが喜ぶ楽しい仕掛けが。

ネット遊具

網目の細かさが異なるネットがドッキング。よじ上ったり、ゆられてみたり。

ターザンロープ

スピードを出すためにはいかに勢いをつけて発進するかがポイント。

遠山式判定

空を大きく感じる広い原っぱでのびのび

公園の中央に開放的な原っぱ広場が広がり、憩いの場として幅広い世代が訪れる。遊具広場には、低年齢の子どもも遊びやすい遊具がラインナップ。地面がクッション性のある素材で舗装されているという配慮も。グラウンドやテニスコートなどの施設も備え、スポーツも楽しめる。

またある！注目POINT

スポーツ広場

サッカーや軟式野球などができるグラウンド。都民は無料。要予約。9〜17時（5・8月は〜18時。6・7月は〜19時）。

PARK DATA

ボール遊び	○
スケボー	×
花火	×
ペット	○
おむつ替え	○
授乳室	△（要問合せ）
園内売店	×
園内飲食店	×
周辺コンビニ	徒歩2分
周辺ファミレス	×

武蔵野公園《むさしのこうえん》

野川べりのはらっぱにある小さな丘「くじら山」は公園のシンボル

大型公園

所要 2時間

くたくた度 ★★★☆☆☆

適齢 3〜10歳

【アクセス】
JR武蔵小金井駅からバスで、バス停武蔵野公園、多磨町二丁目下車すぐ。またはバス停多磨町下車、徒歩3分

駅内EV ○

☎042-361-6861

住 府中市多磨町2-24-1 料 時 休 入園自由（一部有料） P 有料54台

面積 255,864m^2

MAP P190E2

Editor's Voice

こどもの工作や絵が飾られた「野外展示ギャラリー」があり、観るのも楽しいです。（武蔵野中央公園）

園内に野球場（有料）やバーベキュー広場もあります。（武蔵野公園）

運動能力が伸びる！遊具はコレ

ジャングルジム

幼児を対象にしたミニサイズ。上り下りはもちろん、渡り歩きなども楽しんで。

ロッキング遊具

遊具がある「きんと雲広場」のネーミングのモチーフ。2人乗りタイプ。

鉄棒

幼児向け遊具がメインのこちらで唯一小学生対象なのが鉄棒。高さは3段階。

遠山式判定

おす・ひく
はう・くぐる
のぼる・おりる
はしる
そうさする
まわる
ぶらさがる
とぶ
ほる
およぐ
わたる
のる

自然をフィールドに自由に遊ぼう！

野川公園（→P156）に連なって野川沿いに広がる公園。遊具数は少ないが、原っぱや雑木林、苗木畑などの自然を残す園内は野趣にあふれ、遊び方の自由度が高い。幼児向けのものを中心に遊具が設置された広場は西武多摩川線の脇にあり、知る人ぞ知る電車ビュースポットだ。

まだある！注目POINT

じゃぶじゃぶ池

ゴールデンウィークと夏休み期間に稼働する水遊び場。足首くらいの深さなので幼児でも安心して楽しめる。

PARK DATA

ボール遊び	△（危険でないもの）
スケボー	△（要問合せ）
花火	×
ペット	○
おむつ替え	○
授乳室	○
園内売店	×
園内飲食店	×
周辺コンビニ	×
周辺ファミレス	×

桜ヶ丘公園《さくらがおかこうえん》

「遊び広場」はバス停記念館前から徒歩3分。スロープがあるのでベビーカーでもスムーズ

大型公園

所要 4 時間

くたくた度 ★★★★★

適齢 4〜10歳

【アクセス】

小田急線・京王線永山駅からバスで、バス停桜ヶ丘公園西口下車、徒歩1分

駅内EV ○

☎042-375-1240（桜ヶ丘公園サービスセンター）住多摩市連光寺3・5

料時休入園自由（サービスセンターは8時30分〜17時30分）

P71台

面積 339,322m²

MAP P190D3

運動能力が伸びる！遊具はコレ

複合遊具

小山の傾斜を利用した滑り台とネットのほか、トンネルや吊り橋などが一体に。

ロッキング遊具

前後に揺らす1人用のロッキング遊具はシマウマがモチーフ。ほかにロバもある。

滑り台

縦型のリングトンネルや木製のアーチ橋などで上り、滑り台を目指す。幼児向け。

遠山式判定

おす・ひく
はう・くぐる
のぼる・おりる
はしる
そうさする
まわる
ぶらさがる
とぶ
ほる
およぐ
わたる
のる

丘の上の遊具広場は見晴らしも最高！

多摩丘陵自然公園内の丘陵と谷間からなる公園。高低差が数十mと起伏があるので、園内を歩いて回るだけでもいい運動になる。遊具がある「遊びの広場」は幼児用と児童用に分かれ、近くには東屋と芝生広場があるので、ピクニックにもおすすめ。トイレが近いのも子連れには助かる。

まだある！ 注目POINT

ゆうひの丘

「遊びの広場」から、森の中の遊歩道をのんびり歩いて約10分の場所にある眺望スポット。多摩川を渡る電車も小さく見える。

PARK DATA

ボール遊び	△（柔らかいもののみ可）
スケボー	×
花火	×
ペット	○
おむつ替え	○
授乳室	○
園内売店	×
園内飲食店	×
周辺コンビニ	×
周辺ファミレス	×

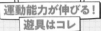

小山田緑地《おやまだりょくち》

なだらかな斜面の窪地に広がる遊具広場。別名・馬場窪と呼ばれる

Editor's Voice

舗装されていない道も多く、雨の日の翌日は滑ったり、靴が汚れたりすることも。（桜ヶ丘公園）

小山田緑地サービスセンター内には授乳スペースあり。使用するときはサービスセンター職員に声をかけて。（小山田緑地）

大型公園

所要 3時間

くたくた度 ★★★★★

適齢 3～6歳

【アクセス】

京王線京王多摩センター駅、小田急線小田急多摩センター駅、多摩モノレール多摩センター駅、またはJR・小田急線町田駅からバスで扇橋、大泉寺下車各徒歩12分

駅内EV ○

☎042-797-8968

住 町田市下小山田町・上小山田町

料 時 休 入園自由

P 65台（9～17時）

面積 444,364㎡

MAP P190D3

運動能力が伸びる！遊具はコレ

ロープ遊具

ロープを掴んで斜面を登ったり、上からかけ下りたり。緩・急斜面に2台。

ネット遊具

クモの巣に見立てたネット遊具。こちらも緩・急斜面に2台設置。

登り棒

高さが異なる木製の登り棒が4本。足踏み場があるので難易度は低め。

遠山式判定

緑あふれる丘陵地でのびのび遊ぶ

町田市北西部の自然豊かな丘陵地に広がる緑地公園。本園と3つの分園からなり、遊具が集まるのは本園にある遊具広場。鳥や昆虫をテーマにしたアスレチック遊具が並び、想像を膨らませながら遊べる。標高123mの展望地、トンボが生息する水辺などもあり、散策や自然観察にも最適。

まだある！注目POINT

みはらし広場

遊具広場の隣に広がる標高123mの展望地。ピクニックテーブルが備わり、休憩やランチにおすすめ。

PARK DATA

ボール遊び	○
スケボー	×
花火	×
ペット	○
おむつ替え	○
授乳室	△（要問合せ）
園内売店	×
園内飲食店	×
周辺コンビニ	×
周辺ファミレス	×

狭山緑地フィールドアスレチック《さやまりょくちふぃーるどあすれちっく》

緑の中でのびのび遊べる。遊具は「にんじゃわたり」

自然公園

所要 2時間

くたくた度 ★★★★☆

適齢 3～12歳

【アクセス】
多摩モノレール上北台駅から徒歩25分、またはバスでバス停八幡神社下車、徒歩10分

駅内EV ○

☎042-563-2111（東大和市環境課緑化推進係）

住東大和市奈良橋1 料無料 時9～17時（10～3月は～16時） 休無休 P20台

面積 約30,000㎡

MAP P190D1

運動能力が伸びる！遊具はコレ

まよいざか

バラバラに置かれた丸太は、手足をしっかりとかけて上り下りして。

にんじゃのかべ

溝に手足をかけ、忍者になったような気持ちで丸太の壁を伝い歩きしよう。

ターザンロープ

揺れるロープにしがみついて滑空する遊具。風を切るスピード感が楽しい！

遠山式判定

おす・ひく	はう・くぐる	のぼる・おりる	はしる
そうさする	まわる	ぶらさがる	とぶ
ほる	およぐ	わたる	のる

全身を使って遊べる大型遊具がたくさん

狭山丘陵南部に位置し、植物や昆虫、鳥などを身近に観察できる狭山緑地。その東側に10基ほどの木製の遊具が配されたアスレチックコースがある。斜面を利用しているので、上り下りしながら遊具を回ろう。高い木々に囲まれているため木陰も多く、夏も比較的涼しい。

まだある！注目POINT

エノキの木

エノキの葉を食べて育つオオムラサキの幼虫。木のまわりには幼虫を守る柵がある。夏から秋、春には幼虫、夏には成虫が見られるかも。

PARK DATA

ボール遊び	△
スケボー	×
花火	×
ペット（リード着用）	○
おむつ替え	×
授乳室	×
園内売店	×
園内飲食店	×
周辺コンビニ	×
周辺ファミレス	×

芹ヶ谷公園《せりがやこうえん》

親水公園

所要 2時間

くたくた度 ★★★★★

適齢 3～12歳

【アクセス】
JR・小田急線町田駅から徒歩13分

駅内EV ○

☎042-724-4399
（町田市都市づくり部公園緑地課）

住 町田市原町田5-16

料 無料 時 6～18時（6～8月は～19時）

休 無休 P 有料48台

面積 138,458㎡

MAP P190D4

公園のシンボル、高さ16mの彫刻噴水が立つ「虹と水の広場」

Editor's Voice

フィールドアスレチック内は仮設トイレのみ。管理事務所横に多目的トイレがあります。（狭山緑地 フィールドアスレチック）

東京都で初となる、ポケモンがデザインされたマンホール蓋「ポケふた」が6枚あり！（芹ヶ谷公園）

運動能力が伸びる！遊具はコレ

大型すべり台

大人気遊具。上って滑る動作は脚力やバランス感覚を養えそう。6～12歳用。

ターザンロープ

ロープにしがみつき滑走。挑戦意欲や運動神経が養われる。冒険広場に設置。

スプリング遊具

こちらも定番の動物をモチーフにした遊具。前後左右に揺れてバランス感覚を育成。

遠山式判定

好奇心が芽生える水とアートの自然公園

多摩丘陵の谷戸の地形を活かした自然豊かな公園。各種遊具のほか、砂場を利用した土俵、2020年には全長約46mの大型すべり台と芝生広場が誕生。好奇心のおもむくまま、さまざまな遊びに挑戦できる。滝のように水が流れ出る巨大な彫刻噴水は絶好の水遊びスポット。

まだある！注目POINT

せりがや冒険遊び場

子どもの"やってみたい"と思う遊びを雑木林のなかで自由に遊べるプレーパーク。子育てに関するイベントなども多数開催。

PARK DATA

ボール遊び	○
スケボー	△（一部使用可）
花火	×
ペット	○
おむつ替え	○
授乳室	×
園内売店	×
園内飲食店	×
周辺コンビニ	徒歩3分
周辺ファミレス	×

COLUMN 3

プレイパークで遊ぼう

自由な発想で、子どもたち自身が遊びを創り出せるプレイパーク。“やってみたい”の気持ちを大切に、いろいろ挑戦しよう！

吊り橋、ロープネット、クライミングなどが組み合わさった冒険の砦

東京23区東部

葛飾区●金町

にいじゅくプレイパーク

にいじゅくぷれいぱーく

プレイパーク

所要 2時間

くたくた度 ★★★★★

適齢 3〜8歳

冒険心をくすぐる大型遊具

“子どもたちが自由にのびのびと遊べる場が欲しい！”という地元の声を反映して、1997年に誕生した遊び場。広場には大型アスレチックの冒険の砦、ターザンロープ、原っぱがあり、体を動かして思いっきり楽しめる。パターゴルフや竹馬などの遊具を無料で借りることができ、さまざまな遊びを体験できるものうれしい。

交 JR金町駅から徒歩15分

駅内EV ○

☎03-3693-1777（葛飾区公園課管理運営係）

住 葛飾区新宿5-21-10

料 無料 時 9〜17時（夏休みは〜18時） 休 年末年始

P なし※プレイリーダーは15〜17時（土・日曜、祝日は10時〜）常駐、変動あり

面積 3,096m²

MAP P188D1

原っぱ

駆け回ったり、虫を探したり、タイヤの上に乗って弾んだり、自由に、たっぷり遊べる場所。

遠山式判定

おす・ひく
はう・くぐる
のぼる・おりる
はしる
そうさする
まわる
ぶらさがる
とぶ
ほる
わたる
のる

PARK DATA

ボール遊び	○
スケボー	×
花火	×
ペット	×
おむつ替え	×
授乳室	×
園内売店	×
園内飲食店	×
周辺コンビニ	徒歩2分
周辺ファミレス	徒歩7分

こんな遊びもできる

木登り

はしごを登って木登りに挑戦！木の上から公園を見渡してみよう。揺れが心地いい、タイヤブランコもある。

COLUMN 3

プレイパークで遊ぼう

プレイパークのメイン会場にもなる、手作り遊具のゾーン。自由に遊ぼう

東京 23 区東部

江戸川区●小松川

小松川ゆきやなぎ公園

こまつがわゆきやなぎこうえん

プレイパーク

所要 45分

くたくた度 ★★★★★

適齢 2〜6歳

手作り遊具の公園がプレイパークに変身！

普段は公園として開放されており、手作りの木製遊具が人気。幼児用のブランコや芝生の広場もあり、小さな子どもも安心して遊べる。プレイパークの開催日は現在月に1~4回程で、情報は「ゆきやなぎプレーパーク小松川の会」公式Facebookにて随時更新中。薪割りや焚火など、さまざまな遊びを体験できる。

【アクセス】
地下鉄東大島駅から徒歩16分
駅内EV ○

☎なし
住江戸川区小松川2-8 料時休入園自由
Pなし
面積 5,058m^2
MAP P188D2

手作り滑り台

階段は丸太。横幅が広いので、友達と並んで滑ったり、寝ころんで滑るのも楽しい！

遠山式判定

おす・ひく
はう・くぐる
のぼる・おりる
はしる
そうさする
まわる
ぶらさがる
とぶ
ほる
およぐ
わたる
のる

PARK DATA

ボール遊び	○
スケボー	×
花火	×
ペット	○
おむつ替え	×
授乳室	×
園内売店	×
園内飲食店	×
周辺コンビニ	徒歩2分
周辺ファミレス	×

こんな遊びもできる

丸太渡り

木に丸太が渡してあり、高さは最大1m程。慎重に上を歩いてバランス感覚を鍛えよう。

わんぱく広場前の公園「やすらぎ広場」には、小さな滑り台や砂場などがある

東京23区東部
墨田区●押上

わんぱく天国
わんぱくてんごく

児童公園

所要 1時間
くたくた度 ★★★★★
適齢 3〜12歳

遊具も木工体験も全力で楽しむ！

スカイツリーを望む押上公園内のプレイパーク。両開きの門をくぐると、入口には木製のアスレチック遊具がそびえ立つ。ネットや吊り橋を組み合わせた秘密基地に冒険心がくすぐられるはず。広場ではターザンロープでも遊べる。木工室にはのこぎりやかなづちなどの工具が用意され、木材を使った工作を楽しめる。

【アクセス】
地下鉄・京成線・東武線押上駅から徒歩5分
駅内EV ○

☎03-3612-1456
住 墨田区押上1-47-8
料 無料 時 9〜18時（10〜3月は〜17時）
休 無休 P なし
面積 3,022m² （押上公園全体）
MAP P189C2

わんぱく広場
土でできた築山やトンネルが印象的。ボールの貸し出しがあり、広場で自由に遊べる

遠山式判定

おす・ひく
はう・くぐる
のぼる・おりる
はしる
そうさする
まわる
ぶらさがる
とぶ
ほる
およぐ
わたる
のる

PARK DATA

ボール遊び	△（柔らかいもののみ可）
スケボー	×
花火	×
ペット	×
おむつ替え	×
授乳室	×
園内売店	×
園内飲食店	×
周辺コンビニ徒歩3分	
周辺ファミレス	×

こんな遊びもできる

木工体験
木材や工具を使って好きなものを作ってみよう。常駐のプレイリーダーがサポートしてくれる。

JTBパブリッシングのデジタルサービスを使って

おでかけをもっと便利に♪

本書P188～191東京MAPの詳細はコレでチェック

本書の地図がスマホで見られます!

Googleマイマップにアクセスしよう

POINT

- ●本誌に掲載の全物件がオンラインMAP上で見られます。
- ●MAP上に現在位置が表示されるので、現地で近くの掲載スポットが探せます。
- ●ジャンル別索引から行きたいスポットを検索できます。

STEP 1

右記QRコードを読み込みます。

STEP 2

本誌掲載の全スポットをオンラインMAP上で一覧できます。

STEP 3

見る、食べる、遊ぶなどジャンル別に行きたいスポットを検索できます。

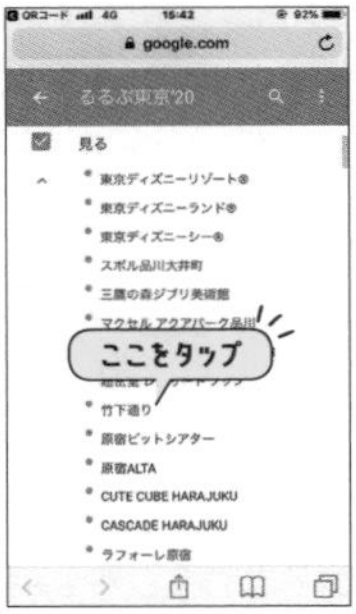

STEP 4

スポットの位置が点灯し、住所や電話番号などが表示されます。

STEP 5

MAP上に現在地が表示され、そこからスポットまでの行き方がわかります。

※説明画面はイメージです。機種により見え方が異なります。

●スポットの掲載位置は2021年5月現在のものです。●当コンテンツはGoogleマイマップを利用したサービスです。本サービスの内容により生じたトラブルや損害については弊社では補償いたしかねます。あらかじめご了承の上ご利用ください。●お使いの端末や環境によっては動作保証ができないものがあります。●オンラインでご利用の際には、各通信会社の通信料がかかります。●Googleマイマップで表示される、物件の電話番号や住所等の情報は、本誌に掲載の情報と異なる場合があります。あくまで目安としてお使いください。●本サービスは予告なく内容を変更することや終了することがあります。

D
三郷JCTへ
柏駅へ
松戸市
三郷市
三郷南
東京外環自動車道
新京成電鉄
中川
みさと公園
松戸駅
聖徳大
1
葛飾大橋
常磐線
金町駅
亀有駅
松戸
北国分駅
矢切駅
新鎌ケ谷駅へ
帝釈天
柴又駅
京成高砂駅
北総鉄道
葛飾区
新柴又駅
市川市
市川北
青砥駅
京成小岩駅
江戸川駅
貨物線
京成立石駅
小岩駅
京成本線
総武本線
市川駅
市川中央
西船橋駅へ
新小岩駅
新中川
京葉JCT
2
高谷JCTへ
小松川JCT
江戸川区
旧江戸川
千葉県
野鳥の楽園
市川塩浜駅
南船橋駅へ
荒川
葛西JCT
新浦安駅
葛西臨海公園駅
京葉線
3
浦安市
ディズニーリゾートライン
舞浜駅
東京ディズニーリゾート
浦安市運動公園
凡例
東京23区西部
東京23区東部
東京郊外
立ち寄りスポット
都・県庁
特別区・市役所
政令指定都市区役所・町村役場
学校
寺院
城跡
神社
新幹線
駅
JR線
私鉄線
IC
高速道路
インターチェンジ
首都高速・有料道路
国道
その他の道路
都県界
区市町村界
4
東京湾
D

東京 東エリア
0
2km
N
地図上の1cmは1.5km
scale 1:150,000
美女木JCTへ
大宮駅へ
新越谷駅へ
埼玉県
戸田市
八潮市
東京外環自動車道
埼京線
京浜東北線
東北本線
埼玉高速鉄道
川口駅
川口市
舎人公園駅
竹ノ塚駅
日暮里・舎人ライナー
和光市
和光
浮間舟渡駅
北赤羽駅
つくばエクスプレス
足立区
西新井大師
大師前駅
西新井駅
環七通り
成増駅
下赤塚駅
東武練馬駅
板橋区
赤羽駅
北区
東十条駅
江北JCT
東武東上線
川越街道
上板橋駅
十条駅
隅田川
荒川
小菅駅
綾瀬駅
環八通り
東京都
練馬区
大山駅
板橋JCT
王子駅
尾久駅
荒川区
北千住駅
小菅JCT
京成本線
堀切JCT
練馬駅
江古田駅
熊野町JCT
北池袋駅
板橋駅
駒込駅
三河島駅
南千住駅
四ツ木駅
西武池袋線
小平駅へ
豊島区
立教大
池袋駅
大塚駅
巣鴨駅
田端駅
六義園
サンシャイン60
日暮里駅
台東区
東向島駅
墨田区
環七通り
沼袋駅
西武新宿線
目白駅
学習院大
中井駅
高田馬場駅
文京区
湯島天神
上野駅
浅草駅
曳舟駅
京成曳舟駅
押上駅
小村井駅
東武亀戸線
とうきょうスカイツリー駅
東京スカイツリー®
狄窪駅
阿佐ケ谷駅
高円寺駅
中野駅
早稲田大
新宿区
東京ドーム
飯田橋駅
錦糸町駅
中央線
中野区
新大久保駅
大久保駅
山手通り
国分寺駅へ
善福寺川
青梅街道
東京医大
中央線
秋葉原駅
両国駅
亀戸駅
法政大
神田駅
杉並区
市ケ谷駅
皇居
高井戸駅
浜田山駅
西永福町駅
新宿駅
四ツ谷駅
上智大
千代田区
新大橋通り
亀戸水神駅
江東区
西新宿JCT
貨物線
高井戸
京王井の頭線
笹塚駅
永福町駅
千駄ケ谷駅
明治神宮
国立競技場
東京駅
有楽町駅
神田川
渋谷区
原宿駅
ミッドタウン
中央区
永代通り
調布駅へ
明大前駅
東松原駅
新橋駅
桜上水駅
下高井戸駅
梅ケ丘駅
下北沢駅
東大
渋谷駅
青山学院大
東京タワー
浜離宮恩賜庭園
潮見駅
六本木ヒルズ
浜松町駅
豊洲駅
登戸駅へ
小田急小田原線
大橋JCT
三軒茶屋駅
代官山駅
恵比寿駅
港区
田町駅
辰巳JCT
中目黒駅
ゆりかもめ
豊洲市場
新木場駅
東急世田谷線
東急田園都市線
山手線
レインボーブリッジ
東急東横線
目黒区
第一京浜
東雲駅
東雲JCT
有明駅
高輪ゲートウェイ駅
桜新町駅
駒沢大学駅
目黒駅
東京
海老名JCTへ
東京ビッグサイト
有明JCT
用賀駅
品川駅
五反田駅
りんかい線
東急目黒線
世田谷区
都立大学駅
新馬場駅
日本科学未来館
二子玉川駅
上野毛駅
品川区
大江戸温泉物語
東京ゲートブリッジ
自由が丘駅
大井町駅
大井JCT
東急大井町線
登戸駅へ
武蔵溝ノ口駅
洗足池公園
東京都市大
東急池上線
西大井駅
田園調布駅
石川台駅
東海道新幹線
大井競馬場前駅
多摩川駅
東京モノレール
等々力緑地
横須賀線
大森駅
高津区
府中街道
南武線
久が原駅
第三京浜
武蔵小杉駅
光明寺
平和島駅
京急本線
東海道本線
中原区
池上駅
昭和島JCT
川崎市
蒲田駅
神奈川県
横浜市
港北区
多摩川
環八通り
平間駅
呑川
京急空港線
大鳥居駅
横浜港北JCTへ
日吉駅
東急東横線
綱島街道
新川崎駅
鹿島田駅
南武線
幸区
雑色駅
大田区
東京国際空港
羽田空港第1・第2ターミナル駅
矢向駅
大師JCT
横浜駅へ
川崎駅へ
A
B
C
1
2
3
4

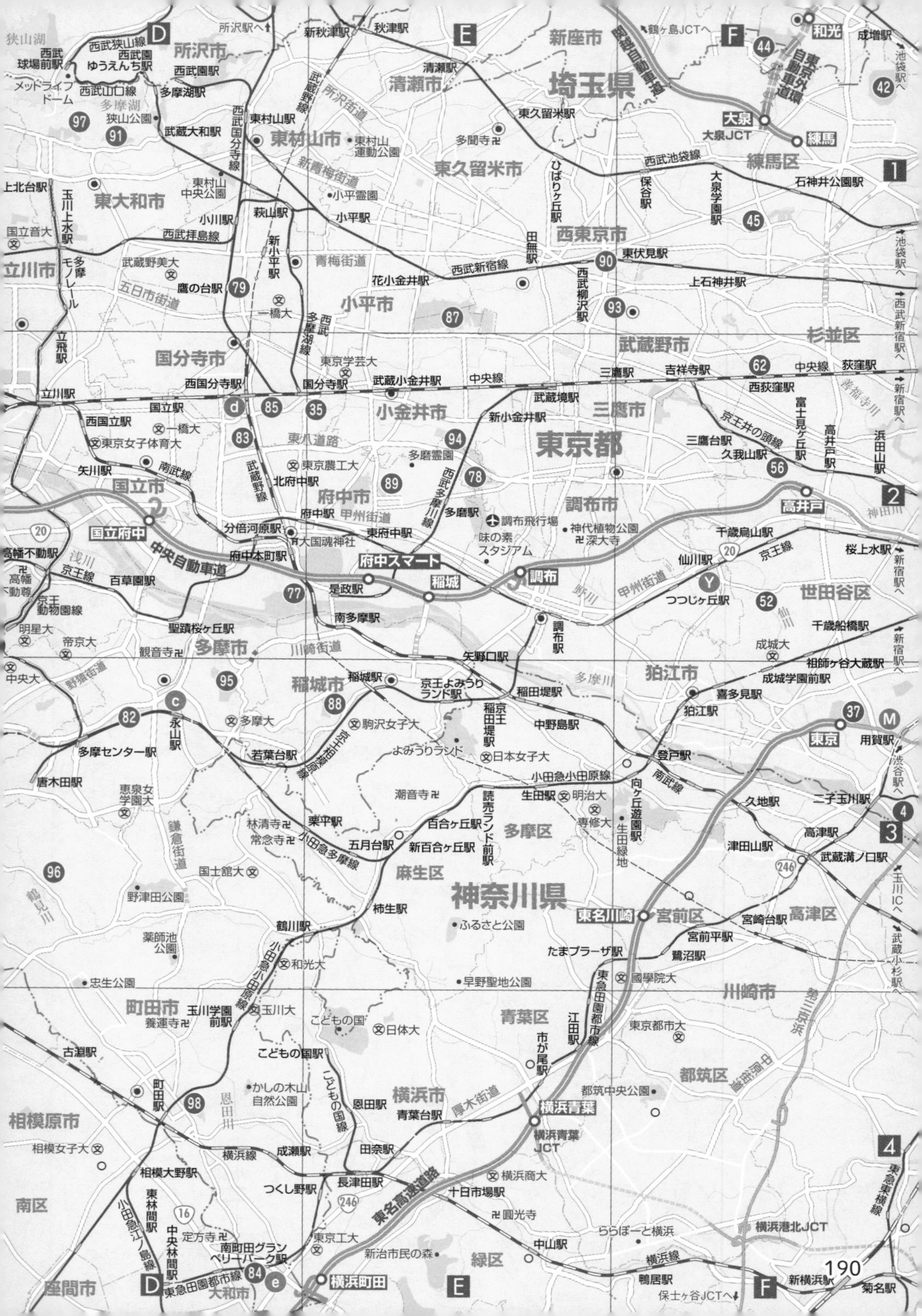

D
E
F
1
2
3
4
狭山湖
西武球場前駅
西武狭山線
西武園ゆうえんち駅
所沢市
西武園駅
メットライフドーム
西武山口線
多摩湖駅
多摩湖
狭山公園
武蔵大和駅
97
91
所沢駅へ
新秋津駅
秋津駅
武蔵野線
所沢街道
清瀬駅
清瀬市
新座市
関越自動車道
鶴ヶ島JCTへ
埼玉県
44
東京外環自動車道
和光
成増駅
池袋駅へ
42
大泉
大泉JCT
練馬
練馬区
西武池袋線
東久留米駅
東久留米市
多聞寺
ひばりヶ丘駅
保谷駅
大泉学園駅
石神井公園駅
東村山駅
西武国分寺線
東村山市
東村山運動公園
新青梅街道
東村山中央公園
小平霊園
上北台駅
玉川上水駅
東大和市
小川駅
萩山駅
小平駅
西武拝島線
新小平駅
青梅街道
田無駅
西東京市
45
国立音大
多摩モノレール
立川市
武蔵野美大
鷹の台駅
79
90
東伏見駅
西武新宿線
花小金井駅
上石神井駅
池袋駅へ
五日市街道
一橋大
西武多摩湖線
小平市
87
西武柳沢駅
93
西武新宿駅へ
立飛駅
国分寺市
東京学芸大
武蔵野市
杉並区
62
中央線
荻窪駅
三鷹駅
吉祥寺駅
西荻窪駅
新宿駅へ
善福寺川
立川駅
西国分寺駅
国分寺駅
武蔵小金井駅
中央線
国立駅
d
85
35
小金井市
武蔵境駅
新小金井駅
三鷹市
富士見ヶ丘駅
高井戸駅
浜田山駅
京王井の頭線
西国立駅
一橋大
東京女子体育大
83
東八道路
94
東京都
三鷹台駅
久我山駅
56
南武線
矢川駅
武蔵野線
東京農工大
多磨霊園
北府中駅
西武多摩川線
78
国立市
府中市
89
調布市
高井戸
神田川
府中駅
甲州街道
多磨駅
調布飛行場
神代植物公園
深大寺
千歳烏山駅
20
国立府中
分倍河原駅
大国魂神社
東府中駅
味の素スタジアム
仙川駅
京王線
桜上水駅
高幡不動駅
高幡不動尊
浅川
京王線
中央自動車道
府中本町駅
府中スマート
稲城
調布
甲州街道
野川
百草園駅
是政駅
Y
つつじヶ丘駅
52
世田谷区
新宿駅へ
京王動物園線
77
南多摩駅
調布駅
仙川
千歳船橋駅
明星大
帝京大
聖蹟桜ヶ丘駅
多摩市
川崎街道
成城大
観音寺
矢野口駅
狛江市
祖師ヶ谷大蔵駅
中央大
野猿街道
95
稲城駅
京王よみうりランド駅
稲田堤駅
多摩川
成城学園前駅
稲城市
喜多見駅
c
88
京王稲田堤駅
狛江駅
82
永山駅
多摩大
駒沢女子大
中野島駅
37
M
東京
用賀駅
多摩センター駅
若葉台駅
京王相模原線
よみうりランド
日本女子大
登戸駅
渋谷駅へ
唐木田駅
小田急小田原線
南武線
向ヶ丘遊園駅
恵泉女学園大
潮音寺
生田駅
明治大
久地駅
二子玉川駅
鎌倉街道
読売ランド前駅
専修大
4
栗平駅
百合ヶ丘駅
多摩区
高津駅
林清寺
常念寺
小田急多摩線
五月台駅
新百合ヶ丘駅
生田緑地
津田山駅
246
武蔵溝ノ口駅
96
国士舘大
麻生区
玉川IC へ
鶴見川
野津田公園
神奈川県
柿生駅
東名川崎
宮前区
宮崎台駅
高津区
鶴川駅
ふるさと公園
薬師池公園
宮前平駅
武蔵小杉駅へ
たまプラーザ駅
鷺沼駅
和光大
忠生公園
早野聖地公園
國學院大
小田急小田原線
東急田園都市線
川崎市
第三京浜
町田市
玉川学園前駅
玉川大
こどもの国
青葉区
養運寺
日体大
東京都市大
古淵駅
江田駅
こどもの国駅
市が尾駅
都筑区
中原街道
こどもの国線
町田駅
かしの木山自然公園
都筑中央公園
98
恩田川
横浜市
恩田駅
厚木街道
相模原市
青葉台駅
横浜青葉
横浜青葉JCT
相模女子大
横浜線
成瀬駅
田奈駅
相模大野駅
東急東横線
東林間駅
つくし野駅
長津田駅
横浜商大
東名高速道路
十日市場駅
南区
16
246
圓光寺
小田急江ノ島線
中央林間駅
定方寺
東京工大
横浜港北JCT
南町田グランベリーパーク駅
ららぽーと横浜
新治市民の森
中山駅
緑区
84
横浜線
e
東急田園都市線
大和市
横浜町田
鴨居駅
新横浜駅
座間市
保土ヶ谷JCTへ
菊名駅

東京 西エリア

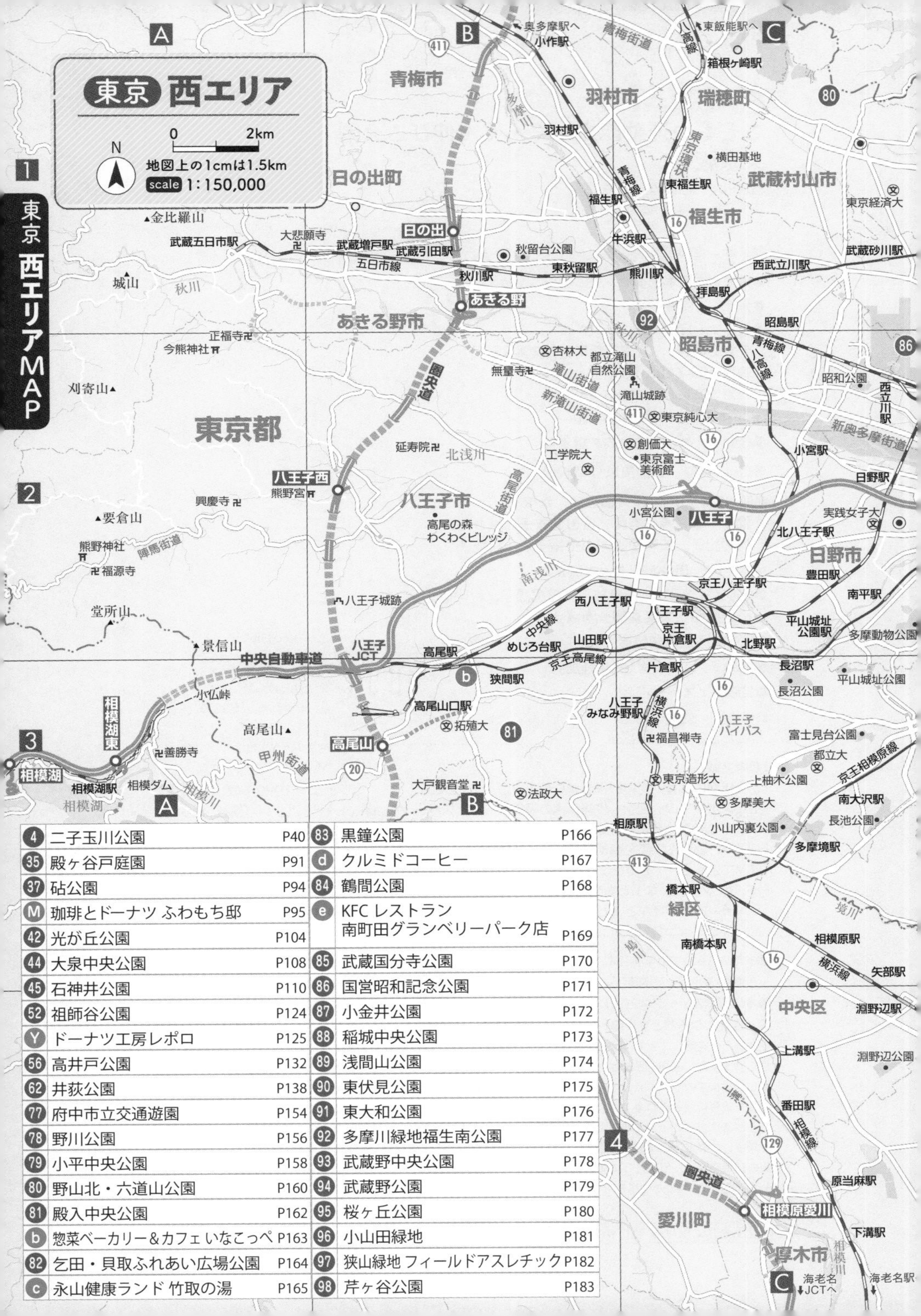

東京 西エリア
0 2km
N
地図上の1cmは1.5km
scale 1:150,000
A
B
C
1
2
3
4
奥多摩駅へ
東飯能駅へ
小作駅
箱根ヶ崎駅
青梅市
羽村市
瑞穂町
羽村駅
東京環状
横田基地
日の出町
武蔵村山市
青梅線
東福生駅
福生駅
福生市
東京経済大
金比羅山
日の出
武蔵五日市駅
大悲願寺
武蔵増戸駅
武蔵引田駅
秋留台公園
牛浜駅
武蔵砂川駅
五日市線
東秋留駅
熊川駅
西武立川駅
城山
秋川
秋川駅
あきる野
拝島駅
あきる野市
昭島駅
正福寺
今熊神社
杏林大
都立滝山自然公園
昭島市
八高線
圏央道
無量寺
滝山街道
昭和公園
西立川駅
刈寄山
新滝山街道
滝山城跡
東京都
東京純心大
新奥多摩街道
延寿院
北浅川
創価大
東京富士美術館
工学院大
小宮駅
高尾街道
八王子西
熊野宮
日野駅
興慶寺
八王子市
小宮公園
八王子
実践女子大
要倉山
高尾の森わくわくビレッジ
北八王子駅
熊野神社
陣馬街道
日野市
福源寺
南浅川
豊田駅
京王八王子駅
八王子城跡
西八王子駅
南平駅
堂所山
八王子駅
中央線
京王片倉駅
平山城址公園駅
多摩動物公園
景信山
八王子JCT
山田駅
めじろ台駅
北野駅
中央自動車道
高尾駅
京王高尾線
片倉駅
長沼駅
狭間駅
平山城址公園
小仏峠
長沼公園
相模湖東
高尾山口駅
八王子みなみ野駅
横浜線
八王子バイパス
高尾山
拓殖大
福昌禅寺
富士見台公園
善勝寺
甲州街道
高尾山
都立大
京王相模原線
相模湖
相模湖駅
相模ダム
東京造形大
上柚木公園
大戸観音堂
法政大
南大沢駅
相模湖
相模川
多摩美大
長池公園
相原駅
小山内裏公園
多摩境駅
橋本駅
緑区
境川
相模原駅
南橋本駅
横浜線
矢部駅
中央区
淵野辺駅
上溝駅
淵野辺公園
番田駅
相模線
圏央道
原当麻駅
相模原愛川
愛川町
下溝駅
厚木市
相模川
海老名JCTへ
海老名駅

るるぶKids
こどもの運動能力がぐんぐん伸びる公園
東京版
初版印刷　2021年7月15日
初版発行　2021年8月1日

●監修　遠山健太
●編集人　福本由美香
●発行人　今井敏行
●発行所　JTBパブリッシング
〒162-8446　東京都新宿区払方町25-5
編集…03-6888-7860
販売…03-6888-7893
https://jtbpublishing.co.jp/
●編集・制作　情報メディア編集部
●企画・編集　秋山美恵（風讃社）
●取材執筆　アトール／都恋堂／六識
粟屋千春／森本有紀／宮田麻衣子／城台晴美／
河部紀子／松崎愛香／山田裕子／木村秋子
●デザイン　BUXUS（佐々木恵里）
●撮影・写真協力　斉藤純平／田尻陽子／松岡誠
公益財団法人東京都公園協会
●地図　国際地学協会
●イラスト　コットンズ（三宅桂加）
●組版　エストール
●印刷所　佐川印刷

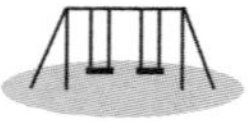

234588　808020
ISBN978-4-533-14558-2　C2026

【参考文献】
『幼少年期の体育　発達的視点からのアプローチ』デビット・L・ガラヒュー 1999年（大修館書店）
『生涯スポーツの心理学―生涯発達の視点からみたスポーツの世界』杉原隆 2011年（福村出版）
『子どもの心と体を育む楽しいあそび　アクティブ・チャイルド・プログラム』
日本体育協会 佐藤善人 青野博 2015年（ベースボール・マガジン社）
「運動できる子、できない子は6歳までに決まる！」遠山健太 2016年（PHP研究所）
『「スポーツ万能」な子どもの育て方』小俣よしのぶ 2020年（竹書房）
『わが子の運動神経がどんどんよくなる本』遠山健太 2020年（学研プラス）

●本誌に掲載している地図は、国土地理院発行の数値地図（国土基本情報）電子国土基本図（地図情報）、数値地図（国土基本情報）電子国土基本図（地名情報）および数値地図（国土基本情報20万）を編集・加工して作成しました。
●本誌掲載のデータは2021年5月現在のものです。発行後に、料金、営業時間、定休日、メニュー等の営業内容が変更になることや、臨時休業等で利用できない場合があります。また、各種データを含めた掲載内容の正確性には万全を期しておりますが、開園状況や施設の営業などは、大きく変動することがあります。おでかけの際には電話等で事前に確認・予約されることをお勧めいたします。なお、本誌に掲載された内容による損害等は弊社では補償しかねますので、予めご了承くださいますようお願いいたします。●本誌掲載の料金は、原則として取材時点で確認した消費税込みの料金です。また、入園料などは、特記のないものは大人料金です。ただし各種料金は変更されることがありますので、ご利用の際はご注意ください。●交通表記における所要時間はあくまでも目安ですのでご注意ください。●定休日は原則として年末年始・お盆休み・ゴールデンウィーク・臨時休業を省略しています。●本誌掲載の利用時間は、原則として開店（館）～閉店（館）です。ラストオーダーや入店（館）時間は、通常閉店（館）時刻の30分～1時間前ですのでご注意ください。ラストオーダーはLOと表記しています。

子どもとおでかけ & 旅行情報サイト『るるぶ Kids』 https://kids.rurubu.jp/